主体的に動く

アカウンタビリティ・マネジメント

『オズの魔法使い』に学ぶ組織づくり

The OZ Principle

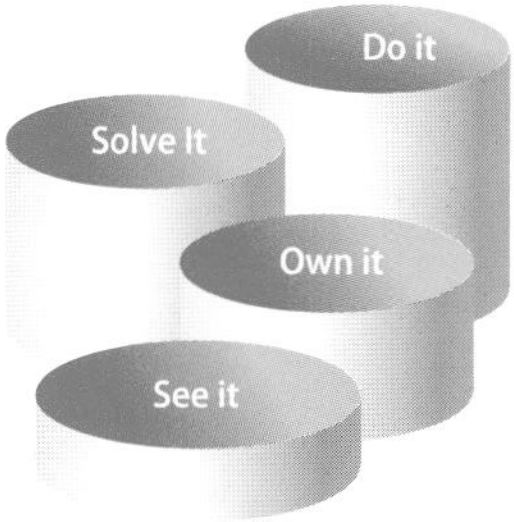

ロジャー・コナーズ
Roger Connors
ム・スミス
Tom Smith
イグ・ヒックマン
Craig Hickman

藤 守監訳
花塚 恵訳

Discover

はじめに

本書で私たちが提唱するアカウンタビリティ（accountability）とは、主体的に自ら進んで仕事や事業の責任を引き受けていくという意識だ。いま、アカウンタビリティにあふれた企業やチーム、個人が非常に求められている。

どんなビジネスであっても、アカウンタビリティがなくては成り立たない。責任を引き受けた人々が集まると、素晴らしいことが起こる。まったく思いがけず起こることすらある。

筆者が〈オズの原則〉を通してアカウンタビリティの大切さを唱えるようになってから、一五年以上になる。〈オズの原則〉アカウンタビリティは必ず成果を生み出す。アカウンタビリティを高めることに成功した企業には、株主価値の増大、増収、コスト削減、生産性向上といった結果がもたらされてきた。

財政面だけではない。社員の意欲や向上心にも変化が現れた。仕事への愛着が強くなり、日々の問題に対処する能力が上がり、結果を出すことに執着するようになった。

〈オズの原則〉の人々に与える影響の大きさには、本当に驚かされる。ひとたび影響を受けると、仕事に対する姿勢も、日々の考え方も、魔法にかかったかのごとく様変わりする。アカウンタビリティが高まったからといって、世の中の問題すべてが解決するわけではないが、解決に向けた大きな一歩となるのは間違いない。

今、ビジネスの世界は新たな局面に入った。スリム化、グローバル化、権限委譲、チームワーク、自由化、知識ベースの構築、ネットワーク化、継続的な改善など、求められるものは多い。この新たな局面で大きな成長を遂げた企業ももちろんあるが、大半は、次々に現れる成功理論や実践モデルに翻弄されるばかりで、成果があげられない。

思うに、どの理論やモデルも、肝心なことを言い忘れている。**成果は、その達成の責任を引き受けて、初めて生まれるものである。**成果をあげることに責任を持たない限り、どんな手法を取り入れようと、絶対に成功しない。逆に、成果をあげる責任を引き受ければ、期待以上の成果をあげることも可能になる。

筆者は実際に、そうした例を数多く見てきた。優良企業と称される企業であろうと、崖っぷちに立たされた企業であろうと、成果をあげることを「自分の責任」として受け入れれば、業績は必ず向上する。

そもそも、どうして責任を引き受けるのか？　人は本来、責任を負いたいものだと筆者は考える。責任を負うことで、意欲と向上心が高まる。それが大きな力となって素晴らしい結果を生む。だからこそ、〈オズの原則〉は多くの人の支持を集めているのだろう。

自分を被害者だと思うと、被害者意識が生まれて悪循環に陥る。その意識から脱し、アカウンタビリティをはぐくまない限り、自分の運命や会社の将来を切り開いていくことはできない。本書は、読者が、自分の考え方や感情、行動、結果に関して高いアカウンタビリティを持てるように書いた本である。一人ひとりのアカウンタビリティが高まれば、組織を今以上の高みへとのぼらせることができる。

とはいえ、アカウンタビリティを高める過程では、どうしても困難や恐怖心がつきまとう。本書という旅を通じて、『オズの魔法使い』のドロシーたちのように、自分の願いをかなえる力は自分にあるのだと気づいてもらえることを切に願う。

オズの世界を巡る旅へようこそ。

ロジャー・コナーズ
トム・スミス
クレイグ・ヒックマン

『**オズの魔法使い**』のあらすじ

カンザスの大草原の小さな家で暮らしていた少女**ドロシー**は、ある日、たつまきに襲われ、愛犬の**トト**と一緒に家ごと飛ばされてしまう。

家が落ちたのはまったく知らない場所だった。ドロシーはその土地の人々から歓迎を受ける。なんと、ドロシーの家が「東の悪い魔女」を下敷きにしていたからだ。

現れた「北の善い魔女」の説明では、その国の東西南北を四人の魔女が支配していて、そのうち東と西は悪い魔女、北と南は善い魔女だという。

北の善い魔女は、カンザスに帰るにはこの国の都「エメラルド・シティ」へ行って、大魔法使いの**オズ**に頼んでみてはどうかと勧める。

エメラルド・シティに続く「イエロー・ブリック・ロード」(黄色いレンガの道)を、ドロシーとトトは歩き出す。途中、脳みそがほしい**かかし**、心臓《ハート》がほしい**ブリキの木こり**、勇気がほしい臆病な**ライオン**と出会い、みんなそれぞれがほしいものをオズにもらおうと、旅の仲間に加わる。

エメラルド・シティでオズに願いを伝えると、「西の悪い魔女」を退治すれば願いをかなえてやろうと言われる。ドロシーたちは西に向かい、苦難の末ついに魔女を倒し、エメラルド・

シティに戻る。

再びオズに会って約束を果たしてくれるよう要求するが、じつはオズの正体はただの弱々しい老人だった。さまざまなトリックを使って、人々をだましていただけだったのだ。

それでもあきらめきれないドロシーたち。オズは、かかしにはもみがらで作った脳みそを、木こりにはおがくずを絹でくるんだ心臓を入れてやる。ライオンには勇気のもとだと言って、何かよくわからない液体を飲ませる。彼らは望んでいたものが手に入ったと大喜びする。

オズはドロシーに、気球に乗ってエメラルド・シティを離れ、カンザスに連れていくことを約束する。だがいよいよ出発する時になって見当たらないトトをドロシーが捜しに行ったため、気球はオズひとりを乗せて飛び立ってしまった。


ドロシーたちは南の善い魔女**グリンダ**のところへ行って、ドロシーをカンザスへ帰してくれるよう頼む。グリンダが教えてくれたのは、ドロシーが旅の最初から履いていた、東の悪い魔女の銀の靴のかかとを鳴らすことだった。

ここまでの冒険の中で、かかしはオズに代わってエメラルド・シティを治めることに、ブリキの木こりは西の国を治めることに、ライオンは森のけものたちの王になることになっていた。彼らはそれぞれ自分の戻るべき場所へ行き、ドロシーはトトと一緒に、無事カンザスへ帰ることができたのだった。

THE OZ PRINCIPLE

by Roger Connors, Tom Smith, and Craig Hickman

This edition published by arrangement with Portfolio, a member of Penguin Group (USA) Inc. through Tuttle-Mori Agency, Inc., Tokyo

主体的に動く　アカウンタビリティ・マネジメント　目次

第3章　結果を出すことに責任を持つ　83

第2部　自分のアカウンタビリティを伸ばす　115

第4章　勇気を持って「現実を見つめる」——臆病なライオンのように　116

第5章　「当事者意識を持つ」ためのハートを手に入れる
――ブリキの木こりのように　140

第3部　組織全体がアカウンタビリティを身につける　213

第9章　組織全体をライン上へ導く――エメラルド・シティを超えて　239

第1部

アカウンタビリティが結果を出す

——オズの原則

「自分は悪くない」——自分を被害者だと思い込み、被害者ぶった態度に出る人がビジネスの世界には数多く存在する。個人の成果、組織の成果を飛躍的に向上させるには、〈被害者意識の悪循環〉を克服し、ここで述べる〈アカウンタビリティのステップ〉をのぼらねばならない。

第1部では、ビジネスの世界に蔓延する被害者意識とはどんなものか、そして、被害者意識がどんな悪循環を生んでビジネスに支障をきたすか説明する。

そして、個人や組織の目標達成に不可欠な〈アカウンタビリティのステップ〉の全容を明らかにする。

第1章 ビジネスにおける本当の意味の「責任」とは

「君は誰？」伸びをしたかと思うと、かかしがあくびをしながらドロシーに声をかけました。「どこへ行くんだい？」

「私はドロシー。エメラルド・シティへ行くところなの。私をカンザスへ帰してくださいってオズの魔法使いに頼みに」

「エメラルド・シティはどこにあるの？」とかかしが尋ねます。「それに、オズって誰？」

「まあ、知らないの？」ドロシーは驚いた声で尋ね返しました。

「うん、知らないんだ。僕は何にも知らない。ほら、僕の体はわらでできているだろ。だから脳みそがないんだ」かかしは悲しげに答えました。

「まあ。それはお気の毒に」

「ねえ、エメラルド・シティに行けば、オズの魔法使いは僕に脳みそをくれると思う？」

「どうかしら」ドロシーにはわかりません。「でも、来たいなら一緒に来てもいいわよ。

たとえ脳みそをもらえなくても、今より悪くなることはないでしょ？」
「それもそうだね」

『オズの魔法使い』（L・フランク・ボーム著）より

◉自分の望みをかなえられるのは自分だけ

長きにわたって読み継がれる文学作品は、どれもそのストーリーが胸を打つ。『オズの魔法使い』もそんな作品のひとつで、主要な登場人物のドロシー、かかし、ブリキの木こり、臆病なライオンが、自分の望みをかなえる力は自分の中にあるという気づきを手に入れるまでの旅を描いている。

自分のことを被害者だと思い込んでいる一行は、イエロー・ブリック・ロードを進んで偉大な魔法使いオズの住むエメラルド・シティを目指す。かかしは知恵を、ブリキの木こりはハートを、臆病なライオンは勇気を授けてもらうために。そしてドロシーは、自分が暮らしていたカンザスへ帰してもらうために。

その旅路で、彼らは自分の力に気づく。たとえばドロシーは、履いている靴のかかとを鳴らせばいつでも家に帰ることができたのである。でも、「自分の望みをかなえられるのは自分だけ」

と気づくためには、イエロー・ブリック・ロードの旅が必要だったのだ。

この物語のテーマに、読者は共感する。そのテーマとは、無知から気づきへ、臆病から勇敢へ、停滞から活動へ、被害者意識からアカウンタビリティへと移動することであり、読者自身も、各自の人生で登場人物と同じような旅をしてきたのだから。

「（イエロー・ブリック・ロードで）立ち止まってはいけない」、「自分の置かれている状況を他人のせいにしてはいけない」、「魔法使いが魔法をかけてくれるのを待っていてはいけない」、「自分の抱える問題がいつか消えると期待してはいけない」――この物語から得られる教訓はさまざまだ。

ただ残念ながら、この物語の熱烈なファンでさえ、その教訓をしばしば忘れてしまう。複雑な世の中になった今、被害者ぶった行動への誘惑は多く、深刻な危機を生み出しているのである。

⦿被害者意識にむしばまれる企業

言い訳ばかりの経営者たち

事業の失敗は経営者のミスが原因であることが多いが、その事実を認めるＣＥＯ（最高経営責任者）や経営陣は多くない。自分の力不足や失敗の責任をとるのではなく、資金不足だの、社員の能力不足だの、ライバル企業の妨害にあっただのと、考えつく限りの言い訳を並べ立てる経営者が今の時代にはあふれている。

ホワイトハウスの執務室にいる大統領から自宅のガレージを仕事場にしている起業家まで、誰も自分の判断ミスや失敗に対する責任をとりたがらない。

しかし失敗は事業や日常生活に付き物で、人生経験の一部ともいえる。自らが犯した失敗の責任から逃れようとすれば、苦しみを長引かせるばかりで対応も遅れてしまい、失敗から学ぶこともできない。成功へ続く道に戻るには、結果に対する責任を自分のものとして受け入れるしかないのだ。


残念なことに、悪い知らせが届いても、その背後の過酷な現実を見つめようとする人はいない。ウォール街は特にその傾向が強い。そんなことでは、経済や株式市場、企業（特に経営者）の信用が過去最低にまで落ち込んでいるのも無理はない。

米国の通信テクノロジー企業ルーセント（現アルカテル・ルーセント）の株価の下げ幅が八〇パーセントを超えると、当時のＣＥＯリッチ・マギンは、社員の進言を無視してウォール街の意見に従ったことを非難され、ＣＥＯの座を追われた。

ルーセントの技術担当者は「光通信技術の登場でわが社のポジションが脅かされつつある」とマギンに伝えていたし、営業担当者も「売上の増加は大幅な値引きによる一時的なもの」と報告していた。

だが、そんなニュースはウォール街が聞きたがる類のものではない。それがわかっていたマギンは「堅実な成長を遂げている」と受け止められるような発言を繰り返し、市場アナリストから高い評価を受けた。結果的に、ウォール街はルーセントの経営陣を美化したのだ。

マギンとウォール街は、天下を取るための最高の組み合わせだった。ただ悲しいかな、最高の組み合わせに思えたのは幻想であり、天下は束の間のものだった。結局は、ルーセントの技術担当者や営業担当者が正しかったと後に証明される。

ライバル社のノーテルが音声・データ送信の新技術を市場に導入して大きな成功を収め、ルーセントは大きく遅れをとったのである。さらには、これまでの値引きのツケが回り、会社の収益が壊滅的な打撃をこうむった。

マギンの後任ヘンリー・シャットは、最初の数ヶ月間を、ルーセントの株主と市場に向けて「企業の株価はあくまでも成功の副産物であって原動力ではない」と説いて回ることに費やさねばならなかった。

世界の経済システム全体が、結果や責任よりも巧みな物言いや言い訳を好むようになれば、いつ誰にその影響が及んでもおかしくない。

多くの一流企業が現実から目をそむけたために破綻した

ゼロックスもその影響を受けた企業のひとつである。同社のアン・マルケイヒーCEOは、現実に向き合い、ウォール街のアナリストに対して「わが社のビジネスモデルは『サステイナブル（持続可能）』ではない」と述べたが、その時にはもう破綻寸前だった。

ゼロックスの経営陣は、業績不振に気づいていながら、国際情勢や市場の動向などのせいにして、ビジネスモデルに深刻な問題があるという事実に目を向けようとしなかったのである。

『ビジョナリー・カンパニー』『ビジョナリー・カンパニー2』（共に山岡洋一訳、日経BP社刊、一九九五年・二〇〇一年）の著者として知られる経営学の権威ジム・コリンズは、偉大な企業と凡庸な企業とを分かつポイントとして、「後者は厳しい事実に立ち向かわずに、言い逃れをしようとする傾向にある」と主張する。ルーセントやゼロックスのような優良企業が平凡な企業に成り下がったのは、悪い状況の根源が自分たちにあると認めようとしなかったからである。

何も彼らに限ったことではない。問題に直面しても、厳しい現実に向き合って対処することなく、業績が振るわない言い訳を並べ立てることに時間を費やす有名企業は増える一方である。

エンロン、アーサー・アンダーソン、グローバル・クロッシング、Kマート、サンビーム、タイコ、ワールドコム、AT&T、ポラロイド、クエスト・コミュニケーションズ。今挙げた企業はどれも、ウォール街の言いなりと化した。

悪い事実に耳をふさぐ、自分の戦略を過信する、社風を悪くする、経営者を持ち上げる等々、企業価値を台無しにする間違いを数え切れないほど犯したのだ。

ウォール街にも当然非はあるし、そのあり方に改革の必要があるのも否めない。だからといって、政府の援助をじっと待っている言い訳にはならないし、自分たち以外の誰か（何か）のせいにしていいはずもない。

インテルの経営者は現実を見つめ、行動に出た

不測の事態は、当然ながら思いがけず起こる。判断ミスで深刻な事態に陥ることも、想定以上に起こるものだ。そんなとき、責任ある企業なら、損失を抑え、結果を出すための新たな道筋を定めようとする。

ＩＴ企業インテルは、二〇年近く前に極めて重要な転換を図った。現在の成功はその勇気ある決断のおかげと言っても過言ではない。

当時、インテルの中核事業はメモリーチップだった。だが日本企業の技術に押され、メモリーチップは値下げしなければ売れなくなった。そのとき、アンディ・グローヴCEOがゴードン・ムーアCOO（最高執行責任者）に、こんな問いかけをしたのだ。

「私たちが会社から追い出されたら、新しい経営陣はどんな行動に出るだろう？」

この問いへの答えとして、二人は厳しい状況を現実のものとして受け止め、思い切った行動に出た。メモリーチップ事業から撤退し、マイクロプロセッサ分野に参入したのだ。

その後も方向転換にあたって必要なことを実行し、インテルを取り巻く状況は一変した。グローヴとムーアは、厳しい現実を受け止めてまったく新しい方向へ会社を導くことで、従業員

や株主やウォール街に対して責任をとる意志を毅然と示した。そして、自分の責任として現実を受け入れる勇気とハートと知恵があれば責任を果たすことができるのだと、見事に実証してみせた。

被害者意識を断たない企業は弱くなる

会社の業績が下がったり、思うような結果が出なかったりすると、すぐに自己弁護が始まる。いかに自分に責任がないか、たとえあるにしても一部だけだと、筋道立てて説明しようと躍起になる。

アカウンタビリティをなくし、一方で被害者意識が蔓延しているために、企業の力は弱まった。実績が伴わずとも満足感さえ得られればよく、苦よりも楽を選び、実態よりも体裁を重んじ、問題解決よりも面目を保つことを気にかけ、現実を見ずに幻を信じようとする。

被害者意識がこのまま広がり続けると、企業の力はますます失われる。時間をかけて根底から解決せずとも応急処置さえすればいい、長い目で見る成長よりも目先の利益があればいい、結果が伴わずとも過程が良ければいいという考え方に陥ってしまう。

被害者意識を蔓延させたままでいると、生産性、競争力、社員の意欲、社会的信用といったものが、修復不可能なまでにむしばまれてしまう恐れがある。

◉魔法使いは本当に助けてくれるのか？

結果が出るかどうかはアカウンタビリティにかかっている

グローバル企業のリーダーたちは、魔法使いを求め続けている。コストを抑えつつも生産性が向上し、世界水準の競争力を備えて市場シェアを拡大し、新しい市場にも迅速に参入できて、現状を改善し次々にイノベーションを起こす――そんなことをかなえてくれる経営の魔法使いがいると信じているのだ。

世界有数の企業経営者たちが、ドロシーたちのように喜び勇んで魔法使い捜しの冒険へと旅立つ。だがしょせん、魔法使いは想像上の人物である。彼らには何も起こらない。そして最後には、すべて偽りだったと気づく。ちょうど、ドロシーたちがオズの部屋でついたての向こうを見たときのようだ。そこには魔法使いではなく弱々しい老人がいただけだった。

経営者たちも同じように逃れようのない事実を見る。成功は目新しい流行やパラダイム、プロセスやプログラムから生まれるのではなく、望む結果に対する責任を自らすべて引き受ける覚悟によって生まれるのだという事実だ。

新しい経営ソリューションがあれば、組織は成功し、ライバル企業を打ち負かせるだろうか。まずあり得ない。一、二年もすれば、別の何かが出てきて、今度こそ、まだ見ぬ改善や利益や成長をもたらしてくれるとそちらに期待が移るだけだ。

組織に有効な何かを求めて、相次いで現れる幻想に振り回されていたのでは、真実は見えない。最新の経営ソリューションという幻想から、それに潜む罠、トリック、テクニック、手法、哲学といったものをすべてそぎ落とすと、ひとつの動かしがたい事実がはっきりと現れる。「求める結果が得られるかどうかは、その結果に対してどれだけの責任を背負うかにかかっている」のだと。

組織の構造や特性、事業の規模や内容がどうであろうと、最新の戦略をいくら取り入れようと、事業をどれだけうまく立て直そうと関係ない。**望む結果を生むのは自分自身の責任だと一人ひとりが自覚しない限り、組織の成功は長続きしない。**

組織が傾きかけている兆候から目をそむけたり、各時代に現れる目新しい理論に夢中になるのを止めて、成功の根源を見いだし、それに向かって努力しなければ、目の前に現れる障害に対処するだけで終わってしまう。

〈オズの原則〉が企業を立て直す

大きな成功を得ようと、多くの企業が旅に出た。だがそのほとんどが、オズの部屋に作られた煙幕と鏡の仕掛けを目にするだけで終わった。その原因は、〈オズの原則〉を守らなかったことにあると筆者は考える。

ドロシーたちが最後に気づいたように、自分の置かれた状況を乗り越えて望む結果を手に入れるパワーや能力は、あなた自身の中にある。それを見つけるまでの旅路は長いかもしれないが、最後には、自分の持つ力に気づくはずだ。

本書では、今はやりの経営理論やリーダーシップ哲学よりも一歩踏み込んで、事業を成功に導く根源に焦点をあてる。筆者が運営するコンサルティング企業、パートナーズ・イン・リーダーシップでは、一〇年以上にわたって何百という企業に、本書で紹介する概念やアイデアを導入してきた。その経験と実績を生かして書いていくつもりだ。

また、老舗企業、新興企業を問わず、多種多様な企業で実際に起こった出来事も紹介する。こうした事例の中には、世代を超えて読み継がれる『オズの魔法使い』のように、きっとあなたの心に響くものがあるだろう。

いくら最新の経営理念やテクニックを取り入れても、人や組織の業績を向上させる基本原則をないがしろにしては意味がない。そうと気づかずに失敗した苦労話を読むと、明日は我が身とショックを受けるかもしれないが、こうした話を通じて、組織の効率性を下げている根源を探求していきたい。さらに、企業の衰弱についても考察し、一から組織を立て直す方法を実例と共に紹介する。

また、チェックリストやセルフチェックテストなども掲載した。いずれも、被害者意識から脱却し、アカウンタビリティを身につけてもらうために作成したものである。とはいえまずは、被害者意識とアカウンタビリティの基本的な違いから理解してもらいたい。

◉被害者意識が企業を滅ぼす

一本のラインが成功と失敗を分ける

被害者意識を免罪符に、目標が達成できないことを状況や他人のせいにする、そんな風潮がある。この狡猾で身勝手な風潮が、社会に悪影響を及ぼしている。被害者ぶっていては、成長も発展も望めない。

成功と失敗、優良企業と凡庸な企業を分けるのは、一本の細いライン（線）である。そのラインの下には、言い訳、他人に対する非難、混乱、あきらめの態度などが並び、ラインの上には、現実認識、当事者意識、コミットメント、問題解決、断固たる行動などが並ぶ。〈ライン下〉にいるのは、過去の努力が台無しになった理由をひたすら弁解しようとする人たちだ。一方、〈ライン上〉にいるのは、意欲を持って努力し続ける人たちだ。

三四ページの図で、〈ライン下〉に属する被害者意識を持つ人と、〈ライン上〉に属するアカウンタビリティのある人の違いを示すのでご覧いただきたい。

人も組織も、意識していようと無意識であろうと、結果に対する責任を回避しようとすれば、

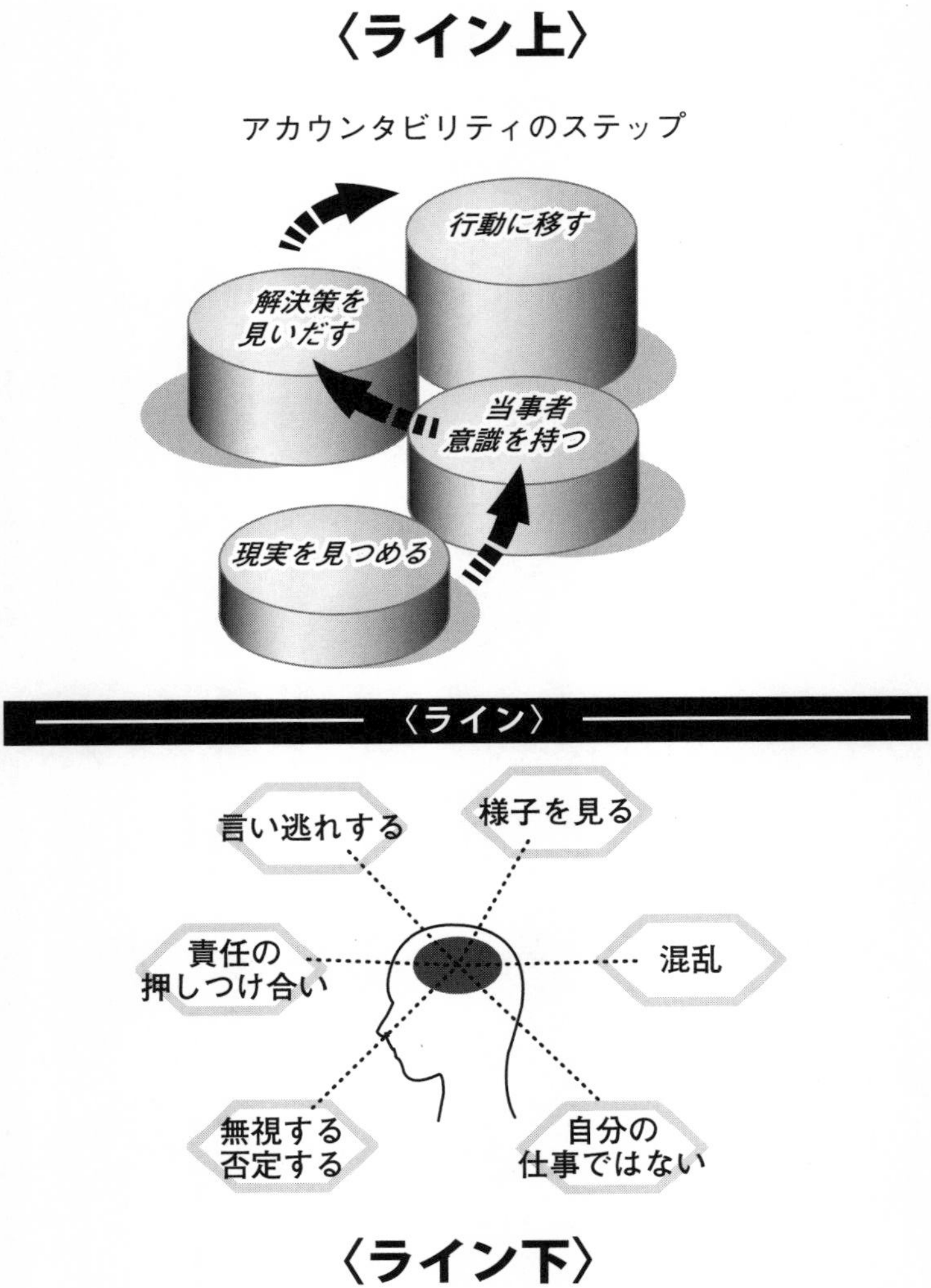
〈ライン上〉
アカウンタビリティのステップ
行動に移す
解決策を見いだす
当事者意識を持つ
現実を見つめる
〈ライン〉
言い逃れする
様子を見る
責任の押しつけ合い
混乱
無視する
否定する
自分の仕事ではない
〈ライン下〉

必ず〈ライン下〉の考え方や行動になる。いわゆる被害者意識の悪循環に陥り、責任の押しつけ合いが始まり、気力も意志も失われ、最終的にはお手上げだと感じる。

再起を図るには、〈ライン上〉に行ってアカウンタビリティのステップをのぼるしかない。〈ライン下〉にいると、現実に起こっていることに対して無頓着になるため、知らず知らずのうちに事態が悪化する。現実を直視しようとせず、自らの責任に気づかないふりをしたり否定したりする。うまくいかないことを、他人のせいにしたりする。

また、何もしないのはどうしていいかわからないからだと言って指示を求めたり、できることはないと言い張ったりする。あるいは、状況が奇跡的に良くなるかもしれないと、何もせずに様子をうかがっていたりもする。

個人、そして企業としての責任意識は、企業にとって非常に重要な要素である。だから、企業の日常業務にも風土にも、しっかりと浸透させねばならない。

先に述べたエンロンやアーサー・アンダーソンをはじめとする〈ライン下〉の考え方や行動を伴う企業には、被害者が、そして被害者の被害者が存在する。誰も事実を認識しない風潮や社員が口を閉ざす環境が社内に生まれると、その企業は〈ライン下〉に転落し始める。

「徐々に、そして突然に破滅する」

世界的な経営アドバイザー、ラム・チャランとフォーチュン誌の記者ジェリー・ユシームが共同執筆した「企業が失敗する理由」という記事で、二人はある事業の崩壊について次のように述べている。

ある事業の崩壊を、「ずさんな判断の積み重ねによるもの」だと、あるアナリストが評した。「成功志向」の文化、嫌になるほどの複雑性、非現実的な達成目標が混ざり合い、本来なら規格違反のものが規格として容認された。それでも、一見しておかしいところはどこにもなかった。それが突然破局を迎え、すべてが終わった。

エンロンの顛末とよく似ているが、実はこれは、一九八六年にＮＡＳＡが打ち上げたスペースシャトル「チャレンジャー号」の爆発事故についての話である。何も、宇宙飛行士七名の死が関わっている事故とエンロンの事件に類似性を見いだそうというのではない。ただ、どれほど突然の出来事に見えても、そこに至るまでには長い時間をかけた誤りの積み重ねがあるのだと言いたかったのである。

ＮＡＳＡのエンジニアは、前回のシャトル打ち上げで、重要なＯリングの破損に気づいたにもかかわらず、その破損は問題ないと自分たちに言い聞かせてしまったのだ。

チャランとユシームの言葉はさらに続く。「企業の破滅の仕方はまるで、アーネスト・ヘミングウェイの『日はまた昇る』の一節のようだ――徐々に、そして突然に破滅する」。

アカウンタビリティの欠如はどんな組織にも忍び寄る。最初、それは正当な言い訳のような顔をして突然現れる。それから、自分以外を責める攻撃的な形へと発展し、最後にはそれが当たり前のこととして定着する。

アカウンタビリティの欠如の代償は、正反対のタイプであるアカウンタビリティを持った人物が出した成果を目の当たりにして、初めて実感することになる。成果として達成した収益や市場シェアなど、具体的な数値となってその差が表れる。

ＩＴ企業シスコシステムズの事例もまた、被害者意識の悪循環に陥って〈ライン下〉に留まる代償がどんなものであるかを教えてくれる。シスコシステムズの現状は決して悪くない。だがかつて、企業価値が九〇パーセント近く下がるという痛手をこうむったことがある。

同社は四半期連続四〇回にわたり成長を遂げた。すると、経営陣から次第に緊張感がなくなり、怠慢さが出始めた。成功が続くと、どうしても甘えが出てしまうようだ。顧客の破産、需要の低下、在庫の増加が起こっていたが、それだけでは、当時のＣＥＯジョン・チャンバーズ率いる経営陣の楽観的な見通しを変更させることはできなかった。

見込み通りに成長しなかったときのことを懸念する者はひとりもいなかった。成長の鈍化の兆しが見え始めても問題視せず、〈ライン下〉の態度をとり続けた。現実を直視せざるを得なくなったときには、超過在庫で二五億ドルの評価損を出し、八五〇〇人を解雇せねばならなかった。そしてシスコの株価は、一晩で九〇パーセント近く下がったのである。

シスコの名誉のために付け加えるが、今では成長見込みに陰りが見えたときに起こりうる事柄を前もって想定し、モデル化している。〈ライン上〉に行くには、最悪のケースを予測してそれに備えることも必要なのだ。

アカウンタビリティのステップ

責任の押しつけ合いから抜け出すには、〈アカウンタビリティのステップ〉をのぼらなければならない。それには、〈現実を見つめる〉、〈当事者意識を持つ〉、〈解決策を見いだす〉、〈行動に移す〉という四つのステップがある。

第一ステップ〈現実を見つめる〉は、状況すべてを現実のものとして認識して受け入れることである。ただ、それには大きな壁が立ちふさがる。というのも、自分を公正に評価し、努力が足りないと認めるのは、誰にとっても難しいことだからだ。

第二ステップ〈当事者意識を持つ〉は、自分に起因する事柄や状況に対する責任を引き受けることである。ここでいう事柄や状況は、自分自身だけでなく周囲に影響が及ぶものも含む。このステップは、行動を促す役割を果たす。

第三ステップ〈解決策を見いだす〉は、障害が現れたとき、〈ライン下〉に引き込まれないよう気を配りつつ、それまでとは違う視点も考慮に入れて解決策を見いだし、現状への変化を求めることである。

そして**第四ステップ〈行動に移す〉**は、たとえ解決に多大なリスクが伴おうとも、意欲と勇気を持って、自分が決めた解決策を最後までやり遂げることである。

幸い、どのステップも非常に理解しやすい。すべて常識の範囲である。突き詰めてみれば、〈ライン上〉に連れて行ってくれるのは、あなた自身が持つ常識なのだ。

◉アカウンタビリティが持つ「変化を起こす力」

すべては自分次第だと、誰もが本当はわかっている

いくら無視しようとしても、振り払おうとしても、結果の鍵を握るのは自分――それは誰もがわかっている。

責任があることも、責任を受け入れて期待に沿う行動をとらねばならないことも、ちゃんとわかっている。もちろん、そんな気持ちになれない日もある。ただ、気分がのらないときでも、自分の仕事は終わらせねばならないと心の底ではわかっている。

同じく心の底では、自分が間違えたりへまをしでかしたときに、他人のせいにしてはいけないということもわかっている。どんな人生を送るか、どんな幸せを手に入れるかはすべて自分次第なのだと、誰もが本当はわかっている。

筆者は長年にわたって、成果をあげる手法をいかに改良できるか努力を重ねて研究し、折りに触れて発表してきた。それに学んで、アカウンタビリティをしっかりと持ち、〈ライン下〉から〈ライン上〉に移行した企業は数知れない。なかには、利益率が二〇〇パーセント増加した、顧客からの苦情が半減した、株価が九〇〇パーセント上昇した、品質に関する苦情が八〇パーセント減少した、という企業もある。

ビジネスにおける成功に関しては、ひとつのシンプルな原則がある。ビジネスは、行き詰まるか結果を出すかのどちらかである。それ以外、何もない。

継続的な改善、イノベーション、顧客満足度の向上、チームワーク、能力開発、コーポレートガバナンスの推進……今日、こうしたことの中核に、結果に対するアカウンタビリティが位置づけられる。興味深いことに、本質を突き詰めると、個人が現状を打破し、求める結果を得るまで何でもやる（もちろん倫理が許す範囲で）ことに帰結するのだ。

一〇年前からアカウンタビリティの自覚を促すことに取り組んでいれば、今その企業はトップになっているはずだ。だが、その必要性と緊急性に気づいていても、どう取り組めばいいかわからない、というのがほとんどの人の本音のようだ。

その証拠に、事業が悲惨な状態に陥ったことに対する言い訳が、日々山のように出てくる。

残念ながら、法的に間違っていないと証明しても、筋道の通った申し開きを並べ立てても、問題に直面することにはならないし、まして解決することにもならない。そうやって結果に対する責任から目をそむけていては、逃げ癖がつくばかりである。

何らかの言い訳をして責任逃れしようとしたことは、誰でも一度や二度はあるだろう。「時間がなかった」、「資金さえあれば」、「スケジュールに無理がある」、「自分の仕事じゃない」、「上司が悪い」、「知らなかった」、「ライバルに出し抜かれた」、「経済全体が落ち込んでいる」、「いずれ良くなるはずだ」……。

失敗を正当化しようとする言葉は、「自分にできること」ではなく「なぜうまくできなかったか」に焦点を合わせる。確かに、高圧的な上司、無節操なライバル企業、非協力的な同僚、経済不況などの影響を受けたり、嘘つきや裏切り者の被害にあうことは珍しくない。自分の力ではどうにもできないことは、絶対にある。必ずしも、努力や責任意識が欠けていたせいで結果が伴わないとは限らない。

だが、最悪な状況だからといって、無力感に打ちひしがれ、自分の不幸を他人のせいにしているだけでは前に進めない。**どんな状況であれ、自分の状況を受け入れて、より良い結果を導き出す責任を引き受けないと、何ひとつ始まらない**。とにかく、何としても〈ライン上〉に行かなければならない。

アカウンタビリティをはぐくむ企業が成功する

アカウンタビリティの高い優秀な人材の確保は、今日の競争社会で勝ち抜くのに不可欠なものとなり、ほとんどのＣＥＯがそれを最優先事項に挙げるまでになった。

もちろん、株価、ライバル企業の動向、新製品の開発といったことも悩みの種である。だが、こうした懸念事項は人材次第でうまくいく。株価上昇に貢献し、数値目標を達成し、ライバルを打ち負かし、絶えず新しい発想を持ち、結果に責任を持つ人材を育成する――これが、ＣＥＯが求めるビジネスリーダーの姿である。今、業界や役職を越えて、結果に対するアカウンタビリティを求める声がこれまでにないほど高まっている。

加えて言えば、企業の規模、複雑性、適応力が、国際的にも国内的にも増大したことにより、結果に対するアカウンタビリティは、リーダーシップの第一義的事項というだけでなく、企業としてただちに取り組むべき緊急課題とも認識されるようになった。

四〇年前にピーター・ドラッカーが著した『経営者の条件』（上田惇生訳、ダイヤモンド社刊、二〇〇六年）で、彼は普遍的なひとつの命題を掲げた。

「組織の業績に対し、自分はどのような貢献ができるだろうか？」

これを企業で働く全員が常に自分に問い続ければ、企業は成功への道筋をたどるのだという。四〇年後にしてようやく、ＣＥＯや経営陣は気づいた。このドラッカーの命題を常に自分に問いかけるような、高いアカウンタビリティをはぐくむ企業文化を創る必要があると。

ジム・コリンズは、著書『ビジョナリー・カンパニー2』において、理想的な社内環境について、次のように表現している。

「規律の文化と起業家の精神を組み合わせれば、優れた結果をもたらす魔法の妙薬となる」

筆者も心からこの意見に賛同する。ただひとつ補足させてもらうなら、規律の文化と起業家の精神を組み合わせた社内環境をつくるのは社員である。本書では、アカウンタビリティに対する命題として、「〈ライン上〉の行動を身につけて求める結果を得るために、自分には他に何ができるか？」を掲げる。

これを常に問い続ければ、より良い結果がより早く、より効率的に得られるようになる。今のビジネス環境を思えば、スピードと効率の大切さは一〇年前とは比べものにならない。能力に対する期待のハードルが上がるほど、クリアするための努力もまた余計に必要になる。

アカウンタビリティを持つという姿勢はあらゆる活動の原点であり、質の向上、顧客満足度の向上、やる気の引き出し、チームの結束、新製品の開発、効率化の推進、結果の追求につながる。

簡単にアカウンタビリティが身につくかと言われれば、答えはイエスでありノーである。極めてシンプルなメッセージとはいえ、組織全体にアカウンタビリティを定着させるには、膨大な時間と覚悟が必要になる。個人経営の小さな企業に属しようが、フォーチュン500に名を連ねる企業に属しようが、〈ライン上〉に行く覚悟を決めて取り組み始めない限り、未来は開けない。

⦿さあ、旅を始めよう

この第1部では、本書全編を通して提唱する〈オズの原則〉の概要をつかんでもらいたい。ビジネスの世界にも、オズに会うためにイエロー・ブリック・ロードを進むドロシーたちと同じように、不安と無力感を抱えている人が大勢いる。そんな被害者意識にとりつかれた人々が、何もしないことを正当化し、効率の悪さを棚に上げ、粗末な仕事ぶりを自己弁護する例を紹介する。

そして、被害者意識を克服し、結果に対する責任を引き受けた人々が、どうやって障害や困難を乗り越えて新境地に至ったかを見ていく。

第1部が終わるころには、結果に対するアカウンタビリティの高め方が身についているだろう。

〈ライン下〉と〈ライン上〉の姿勢や行動の区別がつくようになれば、アカウンタビリティがもたらす効力を、自分自身や部署、企業にどんどん引き寄せることができる。その効力については、第2部と第3部で詳しく解説する。

アカウンタビリティを持つと、結果を得ることへの障害や先入観といったものをどう克服するようになるのか。本書ではそれを、豊富な事例を使って詳細に述べる。

さまざまな企業における個人や部署の体験は、どれも興味深く、なかには衝撃的なものもある。そうした例を通して、「被害者意識を克服すれば、〈ライン上〉にのぼって偉業を成し遂げられる」と実感してもらえればと思う。

本書の目的は、イノベーション、リーダーシップ、生産性、顧客満足、品質、チーム活動のすべてで結果を出せるようになることである。そのために、結果を生み出す根源を突く。

その根源こそ、今の企業に不可欠なものである。また反対に、リーダーシップ、生産性、品質、顧客満足度、イノベーションの低下や、人材の無駄遣い、非効率的なチーム活動、アカウンタビリティの欠如を招く根本原因にも焦点をあてる。

それぞれの根源を知ることで、できないと言い訳していた自分から、輝かしい将来に向けて何ができるかを語る自分へと変化を遂げていただきたい。

第2章 被害者意識の悪循環に気づく

朝目覚めると、太陽は雲に隠れています。でもドロシーたちは、どっちに進めばいいかちゃんとわかっているみたいに、自信たっぷりの足取りで出発しました。

「とにかく歩き続ければ、きっとどこかに着くはずだわ」とドロシーは言います。

ところが、何日たっても、真っ赤な花の咲いた野原が広がるばかり。かかしはぶつぶつと文句を言い出しました。

「僕たちは道に迷ったんだ。エメラルド・シティに行く道を見つけないと、脳みそがもらえなくなってしまう」

「私だってハートがもらえなくなる」とブリキの木こりも言いました。「一刻も早くオズに会いたいっていうのに、こんなに長い旅をしなくちゃならないなんて」

「あの……」臆病なライオンも泣き言を言いました。「あてもなくずっと歩き続ける勇気は私にはありません」

すると、ドロシーまで元気をなくしてしまいました。草の上に座り込み、みんなを見ています。みんなも、座ってドロシーを見つめています。

トトも疲れていて、頭の上を飛んでいるチョウチョを追いかける気になれませんでした。こんなことは初めてです。舌を出してハアハアと息を切らしながら、「これからどうするの？」と問いたげな表情でドロシーを見つめています。


………………………………

◉個人から大企業まで、被害者意識が広がっている

責任をとるよりも言い訳をするほうが楽

世の中には被害者意識が蔓延している。他愛のない事柄から人生を左右するほどのものまで、大きさはさまざまだが、日常的に私たちの生活に何らかの影響を与えている。

他人に迷惑をかけること――これは現代人が最も避けたい行為のひとつである。だが、被害者意識という隠れみのがあると、誰かに迷惑をかけても平気になる。

どれほど成功していようと、人は誰しも被害者意識というウイルスに冒されてしまう恐れがある。どんなに徳の高い人であっても、〈ライン下〉に落ちることがある。

どうして人は、そうやすやすと〈ライン下〉に落ちるのだろうか？

それは、責任を受け入れるよりも言い訳をするほうがはるかに楽だからだ。

あなたもいろいろな場面で言い訳を聞いたことがあるだろう。遅刻したとき、締め切りを破ったとき、担当作業を怠ったとき、約束を忘れたとき、書類をなくしたとき、チャンスを棒に振ったとき、失敗したとき……。

何とかして責任から逃れようと、必死に自分を正当化して言い訳をしたことも誰でもあるだろう。確かに、言い訳の中には真実の核心――一考に値する事情や失敗の本当の理由――も潜んでいる。

でも、非が誰に（何に）あろうと、言い訳をしていては、〈ライン下〉に留まることになる。〈ライン上〉に行けるチャンスを自ら捨てていることになる。

ゼネラル・エレクトリックでさえも被害者意識の悪循環に陥った

被害者意識の悪循環は一流企業をもむしばむ。それはゼネラル・エレクトリック（ＧＥ）でも起こった。

同社はフォーチュン誌が行う全米企業調査で、常にトップテン入りを果たすほどの優良企業であり、継続的に進化を遂げる企業として多くのビジネスマンの尊敬も集めている。今から一〇〇年以上前の一九〇〇年一月一日にも、ＧＥはウォール・ストリート・ジャーナル紙の全米上位一二企業にランクインしていた。その一二社で今日まで残っているのはＧＥだけである。しかし、それほどの企業であっても、決して完璧ではない。

一九八〇年代半ば、ＧＥは市場シェア拡大と電化製品部門の利益増大が必要だと感じていた。その目標を達するべく、新たにコンサルタントのイラ・マガジナーを雇い、冷蔵庫部門の分析にあたらせた。

するとマガジナーは、冷蔵庫のコンプレッサを海外で調達するか、自社製品の品質を向上させるかしたほうがいいと提案した。ＧＥは後者を選んだ。そしてジョン・トラスコットがチーフ設計エンジニアとなって、新しいロータリー・コンプレッサの設計チームが編成された。

トラスコット、トム・ブラント（エンジニア）、ロジャー・シプケ（部門マネジャー）の三人が、ジャック・ウェルチＣＥＯに新コンプレッサの工場建設が必要だと訴えると、ウェルチは新工場の建設費用として一億二〇〇〇万ドルの計上を認めた。役員会でもウェルチの決定は満場一致で受け入れられた。

その数ヶ月後に工場が完成した。生産ラインを稼働させる前に、幹部二〇人で新しいコンプレッサの試験データをチェックしたが、不具合は一切なかったので、そのまま進めた。そして新しい工場がフル稼働を始めた。以前はコンプレッサ一台の製造に六五分かかったが、今度の生産ラインでは、六秒につき一台完成するようになった。

一年後、フィラデルフィアで最初の不具合が見つかった。すると堰を切ったように、何千件もの不具合が報告され始めた。原因は、強化鉄の代わりに粉末金属を用いたことにあった。皮肉なことに、ＧＥは一〇年前にも、エアコンに粉末金属を用いようと試みて、不具合の発生により断念したことがあった。

不具合の原因が明らかになった時点で、コンプレッサの製造は中止され、外国産モデルに切り替わった。この混乱を収めるのにかかった費用は、四億五〇〇〇万ドルと言われている。

この出来事から、ＧＥが被害者意識の悪循環に陥った経緯を順に見ていこう。まず、コンサルタントからの提案を受けたとき、コンプレッサの技術的な問題について見過ごしている。実は当時、コンプレッサの製造に日本企業が苦心していたことは業界で有名だった。だというのに、その事実を考慮して、自社製造した場合のリスクを検討した様子はない。粉末金属の一件も同じだ。

また、コンプレッサの不具合に結びつくような報告もすべて無視されている。過度の熱の発生、座面の摩耗、潤滑油の漏れ、といったことは初期段階の報告に上がっていたが、すべて聞き流されていた。

現実にコンプレッサの不具合が発覚してからは、責任の押しつけ合いが始まった。経営幹部、部門マネジャー、設計エンジニア、コンサルタント、製造ライン。皆、自分以外の誰かを責めた。設計エンジニアは、実地試験が十分でないと最初から懸念していたのだという。だが、スケジュール通りに進行させることを優先させてしまった。設計部全体が不安を感じるようになっても、「ウェルチに悪い知らせは伝えられない」「スケジュールを遅らせるわけにはいかない」と考えたのだという。

結局、設計部門としては、「とにかく様子を見るのが一番」という結論に至った。何と言っても、わが社はGEなのだ。そんなひどいことになるはずがない、と大半の人が事態を過小視していたのである。

世界有数の企業であっても、〈ライン下〉に落ちることはある。そして、遅かれ早かれ、そのツケは必ず回ってくる。GEが〈ライン下〉に落ちたツケは、直接支出額に計上された四億五〇〇〇万ドルと、八年間の機会損失だった。

〈ライン下〉に落ちてしまう原因をきちんと理解しないことには、〈アカウンタビリティのステップ〉はとてものぼれない。この章では、被害者意識にとらわれた状態の危険性について理解を深めてもらう。

◉被害者意識とアカウンタビリティの境界線は?

被害者意識とアカウンタビリティの線引きはいつも意識する必要がある

アカウンタビリティと被害者意識の間に、一本のライン（境界線）が引かれていると想像してみてほしい。

ラインの上は、望む結果が得られる状態で、ラインの下は、なかなか抜け出せない被害者意識の悪循環だ。

個人であれ組織であれ、ずっと同じところに留まることはできない。状況は常に移り変わるものであり、何もしなければ自動的に〈ライン下〉に落ちてしまう。アカウンタビリティを示して〈ライン上〉に行くこともあれば、被害者ぶった態度をとって〈ライン下〉に落ちることもある。そして、またあるときは、ラインの上下をうろうろとさまよう。

被害者意識とアカウンタビリティの線引きは難しい。世の中が複雑であることを思えばなおさらだ。

ここ数年、マクドナルド、バーガー・キング、ケンタッキー・フライド・チキン、ウェンディーズといったファストフード店に対し、子どもの肥満に対する責任を問う訴訟が何度か起こされている。まったく馬鹿げたニュースである。自分の食生活、自分の子どもの食生活の責任は、自分にあるはずだ。

ニューヨーク州ブロンクス在住の整備士、シーザー・バーバーの訴訟事件を見てみよう。彼は大手ファストフード店四社に対し、肥満を誘発する虚偽の宣伝をしたとの訴えを起こした。

バーバーは五五歳で、身長一七八センチ、体重一二三キロ。心筋梗塞を二度発症し、糖尿病を患っている。

彼の弁護士サミュエル・ハーシュいわく「ファストフード店には、バーバーはもちろん、何百万という同じ境遇の人全員に対して賠償義務がある」。脂質、塩分、糖分、コレステロールの高い商品を、その事実をきちんと知らせずに食べさせていた、というのがその理由だ。バーバーは料理ができないので、三〇年間ファストフードを食べ続けた。彼はファストフードが体に悪いと知らなかった。心筋梗塞を二度発症し、医師からファストフードを食べないようにと指示されて、初めてその事実を知ったと主張する。

MSNBC放送局のインタビューで、バーバーは次のように述べた。「一〇〇％ビーフだから、体にいいと思っていました。飽和脂肪酸やナトリウムや糖分が含まれているなんて、全然知りませんでした」

無関心が招いた無知というか、なんとも素直というか……。被害者意識とアカウンタビリティの線引きは、日々のさまざまな状況で求められる。そのたびに、自分自身で線を引かなければならない。

どんなに責任感の強い人でも、〈ライン下〉に落ちてしまうことはある。完璧な人間はいない。この複雑に入り組んだ社会で頂点を極めた人であっても、時には被害者意識の悪循環に陥る。だが、アカウンタビリティを持っていれば、必ずその悪循環から抜け出せる。

意識的にせよ無意識的にせよ、結果に対する責任を避けていると〈ライン下〉の行動をとることになる。被害者意識の悪循環に苦しみ、気力も意志も失われ、ついにはドロシーたちのように無力感に打ちひしがれる。

自分は被害者だと思い続ける限り、「自分の責任に気づかないふりをする」「自分の仕事でないと言い張る」「自分の窮状を他人のせいにする」「何をすべきかわからないといって何もしない」「他人に指示を仰ぐ」「無理だと言い張る」「自分に落ち度がないと証明しようとする」。それでも駄目なら、魔法使いが奇跡を起こしてくれるのを待つ。

この終わりのない悪循環を繰り返すばかりでは、いつまでたっても何も変わらない。

〈ライン下〉にいると気づくには？

被害者意識の悪循環から抜け出すにはどうすればいいか。

それにはまず、自分は〈ライン下〉の行動をとっているのだからそれなりの代償を払うことになる、と認識しないといけない。それが認識できて初めて、〈現実を見つめる〉ことができるようになり、〈ライン上〉にのぼる必要性を実感する。

自分ひとりの力では、悪循環にとらわれていると気づけないものなので、友人や家族など、客観的な立場の人から意見をもらうといい。

先ほどのGEのケースでは、コンプレッサの不具合に苦情を申し立てたフィラデルフィアの顧客がそれにあたる。とはいえ、まずい状態に陥っていると自分で気づけるようにもなりたい。それには、以下のようなことがないか、自分自身に問いかけて、今の状態を知ることから始めるとよい。

・自分の置かれた状況のせいで身動きできないと感じる。
・自分のコントロールが及ばない部分があると感じる。
・「もうひとがんばりすればよかったのに」というような意見には、一切耳を貸さない。
・他人を責めている自分がいる。
・問題について話し合うとき、できないことにばかり目を向けている。
・一番つらい課題に向き合っていない。
・他人の動向をさりげなくうかがっている。
・自分に責任のある事柄を確かめたくない。
・自分は不当に扱われているが、自分の力ではどうにもできない、と思っている。
・よく防御態勢をとっている。
・自分では変えられないこと（上司、株主、経済動向、法律など）について話すことが多い。
・何をしていいかわからないことを理由に何もしていない。
・自分に責任のあることについて報告義務のある相手や会議などを避ける。
・こんなことを口にしている。

「それは私の仕事じゃない」

「どうしようもない」
「誰かが彼に言わないと」
「とりあえず様子を見よう」
「どうしてほしいのか言ってください」
「私ならそんなふうにはしない」

- 上司や同僚の批判に、かなりの時間とエネルギーを費やしている。
- 誰かに利用された一件を何度も口にする。
- 世の中を悲観的に見ている。

ここに挙げたものは、アカウンタビリティの妨げとなる言い訳である。自分にこうした兆候はないか確認してみてほしい。また、周囲にこうした言動をとる人がいれば、指摘してあげよう。こうした言い訳をしていると気づくことが、被害者意識の悪循環を理解する第一歩である。

⦿被害者意識の悪循環から生じる言動

被害者意識の悪循環に陥ると、次のような六段階の言動が見られる。自分や組織にそうした傾向が見られないか、考えながら読み進めてみよう。

①無視する／否定する

「無視する／否定する」という行為は、被害者意識の悪循環に陥った人の初期症状である。問題があるのに気づかないふりをしたり、その問題の影響を受けているのに知らん顔のままでいたり、問題そのものを否定しようとしたりする。

思い出してほしい。この数十年で、そうした行為をとった企業や業界がどうなったかを。たとえば、米国の鉄鋼業界。彼らは変化の必要性を否定し、競争力を高めるための努力を先延ばしにした。その結果、技術力を高めた海外のライバルに、市場での地位を明け渡すこととなった。

また、米国の自動車メーカーは、高性能で燃費のいい車を求める消費者の声を無視したため、高い代償を支払わされた。顧客の嗜好の変化を受け入れず、「自分たちの作った車なら顧客はほしがる」と信じ続けた。一方、日本の自動車メーカーは〈ライン上〉の行動をとり、世界中の顧客のニーズに応じた車を設計した。

いつか明らかになることを先延ばしにして、自らの首を絞めるまねをする企業は多い。この「無視する／否定する」という行為に及んでしまうと、とんでもなく大きな犠牲を払う結末が待っている。現状を見ようとしなければ、自ら災難を招く。そして被害が出て初めて、事態の深刻さに気づく。

エンロンのジェフリー・スキリング元CEOは、エンロン崩壊について重い口をようやく開いたとき、自らの責任や間違いを一切否定した。

「我々は何が起きたのか必死で理解しようとした。これは悲劇だ。会社は好調を維持してきたとばかり思っていた」とニューヨーク・タイムズ紙の記者に語っている。

確かに悲劇であるのは間違いない。エンロンは、ウォール街のアナリストやビジネス誌の記者全員に、世界有数の将来有望な企業と思わせていたのだから。それが今や崩壊し、元CEOは何も知らなかったと自分の無実を主張する。彼は被害者意識の悪循環にとらわれたのだ。

ニューヨーク・タイムズ紙によると、「エンロンの弱体化を招いた要因のひとつは、株価が特定の水準を下回り、エンロンの投資格付けが不適格となったら、三九億ドルに対して払い戻しの義務が生じるというトリガー条項（一定の条件が満たされた場合に効力が発生する条項）であった」とある。だがスキリングは、「そんな条項は知らなかった」と言う。信じる、信じないは、皆さんにお任せしたい。

ウォール・ストリート・ジャーナル紙によると、廃棄物処理企業として名を馳せるチャンバーズ・ディベロプメント・カンパニーは、収益を三億六二〇〇万ドルと誇張し、株式公開後も数年にわたって多くの不正処理を行ってきた。

記者のガブリエラ・スターンは、「同社の六三歳になるジョン・G・ランゴス・シニアCEOが、自分のゴミ処理会社を一流企業にしたいがために無謀なノルマを社員に課したため、数字の改ざんを容認する環境を生み出した」と主張する。

ノルマが達成できないとの報告が上がると、ランゴス・シニアは「足りない分は見つけてこい」と告げたという。だが、監査法人グラント・ソントンがチャンバーズ社の決算書の承認を拒んだことから、同社の輝かしい業績は暗転した。

監査法人デロイト・アンド・トウシュの報告書によると、「チャンバーズ社は、支出を極めて少なく申告するという、会計の常識を逸脱した行為によって負債をごまかしていた」そうだ。この報告が公表されると、ランゴス・ジュニアは、「ランゴス一族は、利益の改ざんや不適切な会計処理を奨励するようなことは一切していない」と発言した。チャンバーズ社の経営陣は、公然と責任逃れをし、自らの関与や罪を否定したのである。

マーク・トウェインの「それを知らないいんじゃない。知っていると思っていることが事実じゃないだけさ」という言葉は、この「無視する／否定する」という行為の問題点を見事に突いている。問題に気づかないふりをしていては、〈ライン下〉から抜け出せない。それに、結果を出す力も損なわれてしまう。

②「自分の仕事ではない」

「自分の仕事ではない」――何度この言葉が口にされてきただろう。この年季の入った言い訳は、何もしないことに対する言い訳や非難の矛先の転換、責任の回避などのために、数え切れないほど使われてきた。

「自分の仕事ではない」と口にするのは、何かしなければ成果は得られないと気づいているが、巻き込まれたくないとの思いがある証拠である。この態度をとる人は、十分な見返りもないのに余計な労力に思えること、つまりは何のメリットもなく自分を犠牲にすることから逃れる道を探しているのだ。「なぜ『余計な』責任まで引き受けないといけないんだ」と思いながら。

過去には、成果に対して貢献できる能力よりも、個々の仕事をこなす能力に焦点があてられた時代があった。個々の仕事にしっかりと境界線が引かれ、誰もそれを越えようとはしなかったし、組織としても、「会社のため」よりも、部署ごとに必要だと判断したことを優先すればいいと考えていた。このころに、「自分の仕事ではない」という態度が市民権を得てしまったのだ。

この「自分の仕事ではない」という態度は、会社や家庭など、どこを見渡しても毎日のように目にする。

たとえば、「私たちは、お客様のご満足のためならどんなことでもいたします」とのポスターが貼ってある店で、「担当ではありませんので」と言われて延々とたらい回しにされる、というような経験は誰にでもあるだろう。

「自分の仕事ではない」と言って責任逃れをした代償がどんなものになるのか、直接にはなかなか気づけない。だが、いずれは、会社への悪い評判や業績悪化による減給といった形で現れることになる。最終的には、職を失うか会社が倒産することにもなりかねない。

③責任の押しつけ合い

この行為も盛んに行われている。自分が不本意な結果を招いたのに、自らの責任は否定し、他の誰か（何か）を責めようとする。

「私を責めるな」は、失敗を他人のせいにするキャッチフレーズとなっている。たとえば、健康関連ビジネスのある大手企業で問題が生じたとき、同社ＣＯＯ（最高執行責任者）は、「ポリウレタンの押し出し加工に関するトラブルのせいで社内全員が当惑している」と公式に発表した。この発表が全社員に知れ渡ると、製品の欠陥、スケジュールの遅れ、効率の悪さなど、何から何まで「ポリウレタンの押し出し加工のせい」にされた。そうやって何百という社員が自分以外の何かに責任を押しつけたことにより、この会社の生産性と収益性は急落した。

何かを責めるにも、いろいろなやり方がある。それは、どれほど優秀な会社であっても起こる。家具メーカーのハーマンミラー社は一流企業として広く尊敬を集めるが、そんな会社でも責任の押しつけを行ってしまったことがある。

同社のマーケティングコピー担当チームは、同社の元CEO、マックス・デプリーのベストセラーとなった著書『響き合うリーダーシップ』（依田卓巳訳、海と月社刊、二〇〇九年）にある顧客満足に対する信念に従って、同社の出荷段ボールに次のような文章を書き添えた。

この家具は、出荷梱包の前に入念に検査いたしました。梱包時および輸送業者への納品時、商品は完璧な状態です。開封時に家具に損傷を見つけられた場合は、そのままの状態で直ちに輸送業者に連絡し、確認に来るようお伝えください。輸送業者が損傷を確認しますと、証明書を発行いたします。苦情をお申し出になるときは、その証明書と運賃請求書をご用意願います。輸送中に起きた損傷は、輸送会社の責任となります。上記に従って手続きをとっていただければ、弊社が苦情申し立てのお手伝いをいたします。

ハーマンミラー社

この文章は、あらゆる不具合を輸送会社の責任として押しつけるための下準備であり、顧客満足に対する〈ライン下〉の行為である。

ハーマンミラー社の名誉のために言っておくが、顧客から「あの文章を読むと、『自分はきちんと仕事をしたのだから、何か問題があれば、他の誰かが悪い』という意味にとれる」と指摘され、同社は次のように改めた。

この家具は、誇りを持って丁寧に製造いたしました。世界最高の商品をお届けしたいとの気持ちを込めています。開封時に家具に損傷を見つけられた場合は、そのままの状態で直ちにハーマンミラー社代理店にご連絡ください。輸送業者の係員が確認にまいります。損傷を確認しましたら、証明書を発行いたします。苦情をお申し出になるときは、その証明書と運賃請求書をご用意願います。弊社はお客様に心からご満足いただけるよう誠心誠意努めておりますが、輸送中に商品に傷がつく場合もございます。その場合は上記の手続きに従ってくださいますようお願い申し上げます。

ハーマンミラー社

残念ながら、責任の押しつけに必死になっている企業は数多い。「製品の設計や特徴が顧客の要望に合わない」とマーケティング部が研究開発部を責めたかと思えば、営業部が「パンフレットやＣＭが不適切で、販売支援にならない」とマーケティング部を責める。今度は製造部が、「いいかげんな販売予測を立てるから、返品や在庫が多すぎる」と営業部を責める。かと思えば、「工場で製造上の問題が解決されない」と研究開発部が製造部を責める。さらには、「アカウンタビリティが低い」と役員が部下の管理職を責めれば、管理職は「ガイドラインが不十分」だとか「やりたくても任せてもらえない」と役員を責める。これでは、メリーゴーラウンドのように責任の所在が回るばかりで、組織の問題は何ひとつ解決しない。

④混乱／「何をすればいいか教えてほしい」

混乱というのは、自分の責任を軽減する手段としてはかなり巧妙である。問題や事情を把握していなければ、対処を求められることもないからだ。

こんな例がある。ある大手薬品会社の品質保証マネジャーが、具体的な資料を提示されたうえで、「業績が悪い」と上司に指摘された。マネジャーは自ら問題の調査にあたったが、矛盾する原因が次々に出てきてすっかり混乱した。彼は上司のところへ行き、自分が混乱していると認めながらこう言った。「原因がはっきりわからないのですから、私に責任があるとは言えないでしょう」

混乱の状態が過ぎると、「何をすればいいか教えてさえもらえれば、その通りにやる」という態度になる。この言葉には、態度を改めようとする意志が含まれているようにも思えるが、残念ながらそうではない。単に、上司など自分以外の人間に責任転嫁しているだけだ。

そうした態度がなくならない理由として、ひとつには、難しい状況になるほど、部下に逐一指示を出しがちになる上司が多いということが挙げられる。

とはいえ他人に具体的な行動の指示を仰ぐのは、しょせん言い訳の延長にすぎない。自ら行

動を起こす前に言い訳の準備をしたいだけである。

『マネジメントの心理学――ＴＡによる人間関係問題の解決』（諸永好孝、稲垣行一郎共訳、社会思想社刊、一九八六年）を著した共依存関係のエキスパート、エーブ・ワーグナーによると、人には三つの「子どもの自我状態」――自然な子ども、従順な子ども、反抗的な子ども――があるという。

「自然な子ども」とは、生まれつき持っている個性の一部であり、個人特有のニーズや欲求、感情を指す。「自分のやりたいことをやり、やりたくないことはやらない。こうした行動は、自然にとるものであり、前向きであるとも言える。

一方、「従順な子ども」と「反抗的な子ども」は、母親の願いと共依存の関係を示す。どちらの場合も他人に責任を預けるのだから、「指示がほしい」という態度の表れだと言える。

従順な子どもは母親や上司の指示通りに行動し、その行為の結果に対する責任を母親や上司に転嫁する。

反抗的な子どもは、母親や上司が自分にやらせたがっていることを見つけ出して拒否するが、悪い結果に関してはすべて彼らのせいにする。

従順でも反抗的でも、その行為は上の立場の人間の指示によるものである。自分の責任とは決してとらえていない。残念なことに、組織には、従順な子どもや反抗的な子どものように振る舞う人が実に多いのである。

いつのまにか「何をすればいいか教えてほしい」という態度をとっていた、という経験は誰にでもあるだろう。責任を誰かに押しつけようとする行為は、職場で日常的に見られる。

過去に生まれた、命令や統制を重視する企業風土が「言われた通りにさえきちんとやれば、残りの人生の面倒は見てやる」という温情主義を生み、社員の「何をすればいいか教えてほしい」という態度を助長させてしまった。

しかし、アカウンタビリティが高まって〈ライン上〉にのぼれば、「何をすればいいか教えてほしい」という態度から、「こうしたいと思っていますが、どうでしょうか？」という態度に変わる。それこそが、結果を得るための自発的な態度だ。

⑤言い逃れをする

失敗しても自分に非がないと周囲に納得させるため、巧妙で緻密なストーリーを仕立てて自分の身を守ろうとする。これが「言い逃れ」という行為である。そうしたストーリーは、事が実際に起きた後に出てくるのが普通だ。ただ、不思議なことに、万一失敗した場合に備えて、結果が出る前から言い逃れのストーリーを作っておく人も多い。

言い逃れにもさまざまな形がある。後から無実を証明する材料として、すべてを文書で残しておいたり、電子メールのやりとりのバックアップを作成したりする。作業内容や会話のやりとりを盾に、自分の無実を立証しようとする人を見たことがあるだろう。

また、場合によっては、「言い逃れ」とは微妙に異なる行動に出る人もいる。トラブルとの関わり合いを避けるべく「逃げ隠れ」するタイプだ。このタイプの人は、自分の立場が危うくなりそうな打ち合わせには出席しないし、悪い知らせが書かれていそうなメールは開かない。


こんな例がある。ある企業が、社の命運を左右する政府の視察を控えていたときのこと。視察の数日前になり、社長が突然休暇をとると宣言した。視察の間は一切の連絡がとれなくなるという。この発表を聞いた社員に生まれた感情は、「社長がいないとなれば、何か問題が起これば自分の責任になる」というものだった。そして、われさきに責任から逃れようとした。

しょせん、言い逃れという行為は、「自分に非はない、失敗の責任は自分にない」ということを正当化しようと理由を並べ立てているだけである。とはいえ、心ない人間に利用されそうになったときなど、自分の身を守らねばならない状況下で言い逃れをするのは仕方がない。だが、たとえそんな場合であっても、言い逃れは時間と労力の消耗であることに変わりない。

⑥様子を見る

状況が改善されることを願いつつ何もしない人は、被害者意識の悪循環にすっかりはまり込んでいるのだ。そんな態度では、問題は悪化の一途をたどるばかりである。

売上三億ドルの、ある日用品メーカーの経営陣は、新たな製造ラインの導入について検討していた。この企業は急速に成長したため、導入の経験がなかったのだ。何時間にもわたって議論した結果、彼らは様子を見るという決断を下した。生産管理部からそのうち良い方法が提案されるだろう、ということになったのだ。そして何もせずに数ヶ月がたったとき、格下のライバル企業に先手を打たれ、大きな売上の損失をこうむった。

様子を見るという行為は、一種の落とし穴である。可能性のある解決策を飲み込んでしまう怠惰の沼なのだ。

⦿被害者意識の罠から抜け出すには

被害者意識の悪循環にとらわれるとどうなるか

被害者意識の悪循環にとらわれたままでいようとする人もいる。それは、〈ライン下〉に束の間の心地よさを見いだすからだ。

「自分が悪かったと認めなくてもいい」「恥をかかずに済む」「ずっとこのままでいればいい」「自分の能力不足や努力不足を正当化できる」……。

どんなに心地よい理由であろうと、それは幻想にすぎない。心地よさの罠に気づくまでは、決して〈ライン下〉から抜け出せないのだから。

ここで、その罠から抜け出した、ある企業のＣＥＯの話を紹介しよう。そのＣＥＯの名はマイク・イーグル。彼は今や〈ライン上〉にのぼって素晴らしいリーダーシップを発揮する優秀な経営者である。この話の掲載を許可してくれたマイク・イーグルに心から感謝する。

マイク・イーグルのキャリアは成功に彩られていた。あるメーカーに勤務し、工場長として実績をあげて役員に昇進した。その出世ぶりには、経営陣も一目置いていた。マイクは将来経営トップになるだろうと、彼より上の立場の人間全員がそう思っていた。そんななか、マイクは、子会社の経営をやってみないかと打診される。業績の悪い組織の活性化に一役買ってほしいとのことだった。マイクはそれを引き受け、子会社に出向する。だが、出向から一年近くたっても業績はほとんど改善されず、マイクは苛立ちを募らせた。彼が試みたことは何ひとつうまくいかなかった。このとき彼は、初めて「失敗するかもしれない」という恐れを抱く。

芳しくない業績に苛立ちながら、マイクは社内のキーパーソンたる面々と話をする機会を設けることにした。管理職の男性をランチに誘い、マイクが実施した改革は社内でどう受け止められているのかと率直に尋ねた。

相手はこの問いに面食らいながらも、マイクに対し、本当に真実が知りたいのかと念を押した。ぜひ聞きたい、とマイクが答えると、彼は、改善が見られないのはマイクのせいだとほとんどの社員が思っていると言った。マイクは驚きを隠せなかった。社員たちは次のようなことを言っているというのだ。


「マイクは何をしていいのかわからないみたいだな」

「マイクは製造畑の人間。もっとこの会社の業務をわかっている人が必要」

「マイクは何にもしていない」

「マイクの商品開発のやり方は、製造のやり方だ」

「マイクは品質の向上に関して何もしていない」

「マイクの意図がはっきりわからない」

「マイクはチーム内の対立を無視している」

「マイクには難しい判断は下せないようだ」


マイクは、自分の経営スキルにマイナスイメージを持たれていると知ってショックを受けたが、率直な意見を教えてもらったことに対しては礼を述べた。そうした意見が聞けて心からありがたいと思う一方、ひどく腹が立ったのも事実だった。

そういえば、工場を率いていたときも「研究開発部が設計上の問題を先に解決してくれない限り、製造の質を上げるのは無理だ」との文句をよく耳にした。それを思い出したら、どの意見も全部「ただの負け惜しみ」だと思えた。なぜ会社の人間は、自分の欠点を素直に認めようとしないのだ？

土曜日になり、マイクは元同僚のピート・サンダースと共にカリフォルニア海岸へサイクリングに出かけた。ピートは会社を辞めて独立したのだが、信頼のおける友人として今も付き合いがある。

しばらく走ると、どちらともなく一緒に工場で働いていたころの思い出話を始めた。とりとめのない会話の中で近況の話題になると、マイクは今の悲惨な状況を話し始め、鬱積した怒りを一気にぶちまけた。

「ピート、僕が引き継いだ仕事はとんでもない代物だよ。子会社の人間は、僕が彼らの問題を解決するのをあてにしている。まったくひどい話だ。僕がその問題をつくったわけじゃないんだぜ！　彼らが引き起こしたことなのに。一年前にこの仕事を引き受けると決めたとき、僕は何にもわかっていなかった。こんなひどい状況だなんて、誰も教えてくれなかった。

本当に手の施しようがない。管理職も、幹部も、誰ひとり責任を引き受けようとしない。社員のやる気はどん底まで落ちてる。何をしたって、毎週三人は辞めていく。

もちろん、僕にできることはすべてやったさ！　だけど、社員同士で意志の疎通を図ろうともせず、問題を他人のせいにしてばかり。どうやら前のCEOがここまでひどい状態にしてしまったらしいんだ。僕ひとりで全部の問題を解決するなんて不可能だ。まったくの孤立無援状態さ。経営陣も方向性を示してくれない。僕が何とかするだろうと思って、黙って見ているだけだ」

これがあのマイクか――ピートは信じられない思いだった。工場で一緒に働いていたころのマイクは、いつも自信にあふれていて、問題があれば率先して解決にあたっていた。それが今や、精神的に追い詰められて、延々と言い訳を並べ立てている。どうしようもない状況に彼を放り込んだ経営陣を責め、自分の問題を自分で解決しようとしない管理職を責める。ただし、彼が責めているのは、彼自身の力ではどうにもできないことばかりだった。

ピートはマイクに同情し、そう言いたくなるほどつらいのだろうと慰めた。だが一方で、いつまでも被害者意識を感じていては前に進めないと思い、マイクにこう告げた。

「なあマイク、僕はちょっと前にアカウンタビリティのワークショップに参加したんだ。そこで学んだんだけど、君は今、被害者意識の悪循環ってやつにとらわれているんだと思う。君の力でその状態から抜け出すことはできるんだよ」

被害者意識の悪循環に陥っていると気づけば抜け出せる

ピートはマイクと自転車で走りながら、さらに続けた。

「そのワークショップによれば、誰でも被害者意識の悪循環に陥ってしまうことがあるらしい。だから恥じることじゃない。

それに、陥っていると自分で気がつけば、そこから抜け出せる。被害者のままでいても何も成し遂げられないよ。自分の未来を自分で切り開こうとしなくちゃいけない。

それにはアカウンタビリティが大事な鍵になるんだ。でも、まずは被害者意識の悪循環を理解しないことには始まらない。

ちょっと考えてみてほしい。知らなかったと言いながら、実は気づかないふりをしたことはないか？　自分ではどうすることもできないと言いながら、自分の責任を否定したり、他人を責めたり、誰か代わりの人に自分の責任を押しつけようとしたり、指示を求めたりしたことは？

そうやって、ただじっと事態が好転しないか様子を見ていたことは？」

ピートは、自分の言葉が胸に刺さった友人の姿を見て、力強くも静かに先を続けた。マイクに、彼自身の態度を客観的に観察できるようになってもらいたかった。

「マイク、僕は心から君を尊敬している。被害者意識の悪循環にとらわれることを責めているわけじゃない。ただ、それにとらわれていると、とにかく何もうまくいかない。成果が得られないんだよ。今の僕は、自分がその悪循環に何百回と陥ったのだとわかる。それが大事なんだ！

その罠に早く気づけるようになれば、そこから抜け出して、ゴールを目指して生産的な活動に取り組むのも早くなる。

君の言うように、会社にも問題がある。それは僕自身も勤めていたからわかる。でも、そうした問題があっても、状況を改善して望む成果を得るために自分に何ができるか考えてみてほしい。この一年に起こったことを話してくれたけど、君の口ぶりからは、自分が当事者だと思っているようには感じられなかった。

部下といっても本当は自分の部下じゃない、会社の問題も仕方なしに引き受けたと言わんばかりだ。過去の成功はきれいさっぱり忘れて、今の仕事に向き合ってきたと言えるかい？　今の仕事を一〇〇パーセント遂行しようと、本気で取り組んできたかい？」

マイクはピートに言われたことを考えてみた。でも、考えれば考えるほど、わけがわからなくなった。

「君の言い方だと、他人の問題も僕のせいみたいだ。そんなわけがない！」

その言葉にピートが黙っていると、マイクは大きなため息をつき、感情的になったことを詫びた。

「すまない。確かに、正直言って、状況をちゃんと受け止めようとしていなかったと認めざるを得ない。最近楽しいことといえば、工場時代のことを思い返すときぐらいさ。あのころは本当にうまくいっていた。成果も目に見えていた」

ここでピートがマイクの言葉をさえぎった。

「アレキサンダー大王の話を知っているかい？　彼が軍隊を率いて今のインドの海岸に到達したとき、彼は船を燃やすように命じた。突拍子もない命令に部下がためらっていると、アレキサンダーは『われわれはここの住民の船で帰国する。それができなければ国に帰れないと思え』と言い放った。

つまり、船を燃やすことで、絶対に征服するという意識を全員に植え付けたんだ。退路があると、選択肢のひとつに数えてしまうからね。退路を断てば、勝利だけが唯一の目標になる」

そう言って、ピートはさらにマイクのことについて話した。彼の目からすれば、マイクはいつでも逃げ出せるよう、船をキープしているように見える。戦いに必死で勝とうとしていないように見える、と。

そう言われたマイクは、逃げる計画はいくつか立てていると正直に打ち明けた。前の職場に戻りたいと上司に匂わせているし、ライバル企業の面接も実は受けているという。

だが、今初めて、マイクは自分が目の前の仕事ときちんと向き合っていなかったのだとわかった。子会社の状況を改善すべく、果敢に取り組んでいかねばならない立場なのに、被害者ぶって、何も生み出さない悪循環にすっかりはまり込んでいたのだとようやく気づいた。自分の問題として、全力であたらなければならない。

そう考えると、マイクには自分に足りないものが見えてきた。意義ある変化を遂げるには、マネジャーたちとの関係をもっと密にする必要がある。この一年、報告を上げてくれるマネジャーたちと、団結力が築けたとはとても思えない。ただ彼らの周りをうろうろするか、早朝会議で報告を聞いて指示を与えることしかしてこなかった。距離を置いたのは自分のほうだった。だからこそ、彼らを束ねることができなかったのだ。

妙なことに、業績の悪さの責任が自分にあると考えても、怒りがこみ上げることも暗い気持ちになることもなかった。それどころか、やる気が湧いてくるのを感じ、この気持ちを口に出さずにはいられなかった。

「僕は自分で自分の邪魔をしていたんだって、やっとわかったよ。他人が問題を解決してくれると思っていたのは僕も同じだ。確かに、僕に関係ないこともたくさんある。だけど、それらを言い訳にして、自分にできることから目をそらしていた。

最悪なことに、僕がそんな態度だったから、他のみんなにもそうしていいと思わせてしまった。こうやって考えると、社内で僕と同じ罠に落ちている人が大勢いるとわかるよ。問題を無視したり、責任を否定したり、他人を責めたりといった罠にね。僕の場合、こんな状況では何をやってもうまくいきっこないと思い込んでしまった。それが転じて、たとえきちんと仕事をしても、業績の悪さを自分の責任として受け入れても、失敗するかもしれないと考えるようになった。失敗するのが怖かったんだ」

マイクが気づくには、時間と努力を要した。だが、これでようやく彼にも、『オズの魔法使い』のドロシーのように、自分の進む道が見え始めた。

人間である以上、被害者意識の悪循環に陥ってしまうことがあるのも、失敗を恐れる気持ちが芽生えるのも仕方のないことだ。ただ、アカウンタビリティが高ければ、失敗を恐れる気持ちを克服することができる。〈ライン上〉にのぼって精一杯良い結果を出そうと努力しない限り、成功はないと気づくからだ。

マイクの場合、彼の意識の変化が周囲にも伝染し、状況が改善した。断固たる決意を持ってリーダーシップを発揮した結果、記録的な収益をあげた。経営陣ですら不可能だと思っていたことを、見事に成し遂げたのである。

その二年後、マイクは親会社の社長から表彰を受け、その功績が讃えられた。その後まもなく、彼は親会社の経営陣に加わった。

時には、自分で予備の船を燃やし、使命達成に向けて舵をとらねばならない。そうすれば、やる気が刺激され、現状を打破するための新たな活動をスタートさせようという意識が生まれる。ドロシーは、履いている靴のかかとを鳴らせば家に帰れた。あなたも靴は履いている。あとは、かかとを鳴らせばいいだけだ。

被害者意識の悪循環に陥っていないかどうかチェックする

マイク・イーグルは、真実を見つめて本心を探るセッションをピートから受けた。筆者はそのようなセッションを、経営者やビジネスマン、友人、家族などに長年にわたって行ってきた。人によって当然状況は異なるが、被害者意識の悪循環に陥っていると気づく瞬間は全員に訪れる。

マイク・イーグルの話について、ちょっと考えてみてほしい。彼は、自分にはどうすることもできないと、一年間本気で信じていた。状況の悲惨さをくよくよと悩み、自分にできることはないと思い込んでいた。それに、長年にわたって問題となっていた状況だけに、彼は誰からも期待をかけられていなかった。

その結果、マイクはやる気をなくし、惨めで何の成果も得ない日々を送る。前のＣＥＯやマネジャーたちを責めたり、親会社の経営陣に指示を求めるばかりで、自分の責任から逃れようとしていた。もうこれ以上は無理だと言い張って、ただ何もせずに様子をうかがっていた。

だが幸いにも、彼は被害者意識の悪循環にとらわれていると自分で気づくことができたので、それからは、みんなの問題を解決し、良い結果を出そうとひたむきに努力することになった。

人間なら誰でも、〈ライン下〉に落ちることはある。ただ、一度落ちてしまうと、そう簡単には〈ライン上〉に戻れない。まずは、「〈ライン下〉に落ちたツケは大きい」と認識する必要がある。それができたときに、現実に向き合って〈ライン上〉にのぼる必要性を実感し、〈アカウンタビリティのステップ〉のひとつ目のステップをのぼり始めるのだ。

ひとつ目のステップである〈現実を見つめる〉については第2部で詳しく説明するが、その前に、〈ライン下〉の態度をとっていないかどうかテストしてみよう。テストは数分でできる。

八〇ページの質問内容を読んで、「自分の身に起こったことがあるか」「自分はそんなふうに感じたことがあるか」と自問自答しながら、率直に答えてみよう。

テストを終えたら、点数をつけよう。「はい」ひとつにつき1点。「いいえ」は点がつかない。合計が出たら、八一ページの判定表で確認しよう。

点数を気に病むことはない。それよりも、人間なら誰でも、偽りの安心感や一時的な心地よさを求めて、責任を放棄したい誘惑にかられやすいのだと認識することが大切である。「自分も〈ライン下〉に落ちる可能性がある」と意識できれば、〈オズの原則〉を学ぶ準備は整った。現状を打破し、望む結果を達成するための原則を、本書で身につけてもらいたい。

この章では、〈ライン下〉の態度や振る舞いとはどういうものかを見てきた。これで、被害

〈被害者意識の悪循環〉セルフチェックテスト

1. 自分では問題解決にあたって最善を尽くしたと思っていたのに、否定的な意見を言われて驚いたことがある。　□はい／□いいえ

2. 思った通りに物事が進まなかったとき、誰かを責めたり責任を追及したりしたことがある。　□はい／□いいえ

3. 自分以外の誰か、または会社が困ることになりそうだと薄々気づきつつ、何もしなかったことがある。　□はい／□いいえ

4. 失敗したときのための言い訳を事前に考えておいたことがある。　□はい／□いいえ

5. 「自分の仕事ではない」と言い、他の誰かがやってくれるだろうと思ったことがある。　□はい／□いいえ

6. 自分の置かれた状況に対して、どうしようもない無力感を感じたことがある。　□はい／□いいえ

7. 状況が奇跡的に改善されるかもしれないと、黙って様子を見ていたことがある。　□はい／□いいえ

8. 「どうすればいいか言ってくれれば、その通りにします」と言ったことがある。　□はい／□いいえ

9. 自分が社長だったら違うやり方をするのに、と感じたことがある。　□はい／□いいえ

10. 誰か（上司、友人、取引先など）に利用された、と人に話したことがある。　□はい／□いいえ

「はい」は１点、「いいえ」は０点として計算

合計　　　　　点

〈被害者意識の悪循環〉セルフチェックテスト：判定表

合計	評価
0点	正直に答えていない。もう一度やり直し。今度は、誰もいない場所で、ひとりきりでやってみよう。
1点	〈ライン下〉に落ちる可能性があると気づいているが、落ちる可能性はあなたが思っている以上に高い。
2〜4点	しょせんは人間だ。できることに限りはあると思ってちょっとリラックスしてみよう。
5〜7点	〈ライン下〉に落ちてもすぐにそうと気づける。
8〜10点	あなたは自分に正直な人だ。本書を活用してほしい！

者意識とアカウンタビリティの違いを理解してもらえただろう。だが、被害者意識から生じる態度や振る舞いを自分自身でそうと見極めるには、かなりの努力を要する。

次の章では、アカウンタビリティの概念を一新し、〈アカウンタビリティのステップ〉をのぼる準備を進めていきたい。

第3章 結果を出すことに責任を持つ

「でも、まだどうやったらカンザスに帰れるのか教えてくれていないわ」

「あなたの履いている銀の靴、それがカンザスまで運んでくれますよ」と魔女のグリンダは答えます。「その靴の力に気づいていたら、この国にやって来たその日のうちに、エムおばさんの元に帰っていたのでしょうね」

「でもそれじゃあ、僕はこの素晴らしい脳みそをもらえなかった！」とかかしが叫びました。「きっと、一生あのトウモロコシ畑から出ようとしなかったと思う」

「それなら私だって、この素敵なハートをもらえなかった」とブリキの木こりが言いました。「この世の終わりがくるまで、あの森の中に錆びついたまま立っていたかもしれない」

「それなら私だって、ずっと臆病者のままだったろうさ」とライオンが言いました。「森の動物たちから慕われるようになることもなかっただろう」

「ええ、そうね」ドロシーが言いました。「あなたたちの役に立てて本当によかった。みんな一番ほしかったものを手に入れて、それぞれ王となって幸せに暮らすことになったのだから、私も早くカンザスに帰りたい」

◉「アカウンタビリティ」とは何だろうか

ある経営者の謝罪

世界的な金融企業であるシティ・グループは、二〇〇二年に一六〇億ドル以上の収益を上げた。だが、果たしてこれだけの額をまっとうに稼いだのだろうか？

シティとシティ傘下のソロモン・スミス・バーニーはずいぶんと世間を騒がせた。「エンロンの債務をバランスシートに記載しなかった」「ワールドコムの疑わしい負債を売りに出した」「投資グループのウィンスター・コミュニケーションズが倒産しかかっているのに良い評価報告を出した」「テレコムＵＳＡの経営幹部に新規公開株を当選させた」「ＡＴ＆Ｔの市場格付けを上げて儲けた」……。

これだけのことをしでかしたのだから、もう、辞めるか逃げるか隠れるかしかないと思われる状況のなか、シティのサンディ・ウェイルＣＥＯはいずれの道も選ばなかった。

彼はマスコミに向かって、「私は恥じている」と言った。自分がＣＥＯである時期にシティは間違いを犯したとして、「私にも責任（アカウンタビリティ）の一端がある」と認めたのだ。さらに同社の役員会で、シティ・グループを倫理的かつ誠実に運営することを最優先事項にすると告げた。

その後ウェイルは花形アナリストだったジャック・グラブマンを解雇し、ソロモンのトップを放逐し、ストックオプションを同社で買い戻すなど、真摯な対応を見せている。とはいえ、シティ・グループの一件は経営の大失敗だと見る向きが多い。ウェイルの懺悔と償いはシティ・グループの評判を取り戻せるだろうか。同じ過ちを繰り返させないだろうか。

〈アカウンタビリティ〉とは、失敗して初めて問われるものではない

一〇年以上にわたって何千人という管理職やスタッフのコーチングを実践してきて、わかったことがある。

ほとんどの人が「責任（アカウンタビリティ）とは、何か起こったときに生じるもの」ととらえているのだ。業績が下がったり、問題が発生したり、思うような成果があがらなかったときに初めて生じるものだと。さらには「失敗の犯人を指し示すためだけに生じるもの」と考えている人すら大勢いる。

さしあたって順調で、会社という船が沈むような事態が起こらない間は「この成功は誰に責任がある？」などと問うことはしない。ところが船体に水が浸入した途端、責任の所在探しが始まるのだ。

それもそのはずで、辞書で「accountability」を引くと、そうしたマイナスのイメージを持

たせるような定義を載せているものがほとんどである。『ウェブスター大辞典』の定義を例に挙げると「報告、説明もしくは弁明する義務を負うこと、釈明義務を負うこと、応答する義務を負うこと」とある。

「〜を負うこと」という言葉が使われているということから、アカウンタビリティは「悪い業績によって生まれるもの」として私たちの目に映っていることがよくわかる。最終的には傷つくものなのだから恐れるべき、というわけだ。

実際にこのような意味でしかアカウンタビリティを味わったことがない人がほとんどなのだから、回避しようとしたり、悪い結果の言い訳に時間を費やしたりするのも無理はない。

上司から「もっとアカウンタビリティを持て」と尻を叩かれると、部下は反射的に「これ以上やめてくれ！」と思ってしまうようだ。

彼らはいつも、最悪の事態になりませんようにと祈りながら、失敗の責めを負う被告人が特定されるのを待っている。そんなわけだから、責任の押しつけ合いをし、うまく立ち回ろうとするのも当然だろう。

われわれの経験から言って、アカウンタビリティを前向きかつ能動的なものとして受け止めるようにすれば、責任の押しつけ合いなどよりもはるかに素晴らしい成果を手にすることができる。

先ほどのサンディ・ウェイルの場合、正面から非難を受け止めようとした彼の態度は称賛に値する。だが、彼がそうした態度に出たのは、ひどい事態になり、間違いを認める時期が来たからかもしれない。

言い訳に貴重な時間と労力を費やしてはいけない

非難されたからであれ、自ら認めようとしたのであれ、「過ちを告白するだけが責任をとることではない」と知る必要がある。気をつけないと、失敗の責任をとるという行為を、成功できなかったことに対する償いの一部としてとらえてしまうことになりがちだ。

そうとらえてきたせいで、今までどれだけ貴重な時間と労力を言い訳に費やしてきただろうか。何千という企業の、何百万という人が、予算や時間や情報の不足、仕事量の配分の仕方などを理由に挙げて、悪い業績の言い訳をしてきた。そうなると、悪い業績を正当化することが目的となり、結果を出すためにすべきことを考えなくなってしまう。

部下の業績改善に熱心に取り組んだあるリーダーは、「言い訳リスト」（八九ページ参照）を配れば時間も労力も無駄にせずに済む、と提案する。言い訳を記載したリストを配布しておき、失敗を説明するときは番号を言えば済むという具合だ。

わざわざ言い訳をリストアップするなんて馬鹿げている、と思うかもしれない。だが、こうした言い訳は当たり前のように日常に溶け込んでいるので、よく考えることなく使ってしまうのだ。それを防ぐには、〈アカウンタビリティ〉という言葉の意味をとらえ直す必要がある。「起こったことに対して非難するのが目的で犯人捜しをする」というイメージは捨てねばならない。

犯人捜しをしても成果は得られない

事態が悪い方向へ向かうと、必ずと言っていいほど犯人捜しが始まる。要は責任の押しつけ合いだ。この犯人捜しゲームに、失敗を修正しようとする意図はない。失敗の経歴が刻まれて出世の邪魔になるのを避けたいのだ。言い訳や釈明の限りを尽くし、無関係な顔をして、他の誰かに非難の矛先が向くように犯人捜しをするのである。

米国で全国展開するハンバーガー・チェーン、ジャック・イン・ザ・ボックスで起こった痛ましい食中毒事件では、国民の注目を集める犯人捜しゲームが繰り広げられた。ジャック・イン・ザ・ボックスのハンバーガーの肉が汚染されていたせいで、それを食べた子ども二人が死亡し、大勢の人が重体に陥った。すると店側は、すぐさま肉の供給業者であるヴォンズに責任があると釈明した。この業者も当然言い訳を準備していて、悪いのは米国農務省の食肉検査官だと矛先を向けた。農務省は農務省で、予算の割り当てが不十分なせいで、検査官の数が足りないと説明した。

言い訳リスト

1.「いつもそうやっています」
2.「私の仕事ではありません」
3.「すぐに必要だとは知りませんでした」
4.「遅れたのは私のせいではありません」
5.「それは私の部署の担当ではありません」
6.「どうすればいいか誰も教えてくれませんでした」
7.「承認待ちです」
8.「それは駄目だと教えてもらえませんでした」
9.「私ではなく、上司の意見です」
10.「知りませんでした」
11.「忘れていました」
12.「重要だとおっしゃっていただければ、ちゃんとやりました」
13.「忙しくてできませんでした」
14.「誰かに間違ったことを教えられたんです」
15.「前にお話ししたと思っていました」
16.「どうしてお尋ねくださらなかったんですか？」
17.「会議に呼ばれなかったので、その資料をもらっていません」
18.「部下のミスです」
19.「誰も何も言ってくれないので、そんなに重要なことだと思っていませんでした」
20.「誰かにやっておくように言ったのですが」

次に悪いと言われるのは誰か？　増税を嫌がる納税者である。だが、納税者も十分に言い訳はできる。「行政がもっと効率的に機能すれば、そんなに税金はかからないはずだ」こうして犯人捜しゲームが延々と続き、成果をあげるための財産――真摯で前向きなアカウンタビリティ――が組織から奪われていく。

責任の押しつけ合いという悪循環が続くと、アカウンタビリティに対する誤った解釈も手伝って、犯人捜しに加わる人が増える。大きなプロジェクトが発足すると、上層部から末端社員まで、皆、進捗状況を詳細に記録し始める。成功を記録するわけではない。プロジェクトが失敗した場合の自分の働きを正当化するための記録である。

たとえ品質重視の企業であっても、犯人捜しゲームを始めれば、いずれ言い訳作りゲームも始まる。そうなると、成果を無視した都合のいい言い訳が横行し、言い訳作りに費やす無駄な時間と労力が増えていく。

〈アカウンタビリティ〉を犯人捜しゲームに結びつけていては、過ぎたことにばかりこだわって、先のことは自分の知るところでないという受け身の姿勢から変われない。今、人々は、自分に責任がない理由を説明するのに必死になるあまり、アカウンタビリティが持つ本当の力を見失っている。その力こそ、輝かしい将来を手にする鍵だというのに。

◉〈アカウンタビリティ〉を定義する

新たなアカウンタビリティの定義

本書で新たなアカウンタビリティの定義を提唱したい。この定義に基づいて責任を受け入れるようになれば、企業はそれぞれに個性を持ち、グローバル競争力やイノベーションの促進、製品やサービスの質の向上、顧客のニーズやウォンツに応える力の強化を図れるだろう。

この新たな定義は、〈オズの原則〉の本質を表すものである。

アカウンタビリティとは、

「現状を打破し、求める成果を達成するまで、自分が問題の当事者であると考え、自分の意志で主体的に行動しようとする意識。すなわち、自分の意志で、現実を見つめ、問題に当事者として取り組み、解決策を見いだし、その解決策を実行しようとする意識」

この定義には「現状を乗り越えて、求める結果を得るために、他に何ができるか？」と常に自分に問い続ける姿勢も含む。

アカウンタビリティには、〈現実を見つめる〉〈当事者意識を持つ〉〈解決策を見いだす〉〈行動に移す〉という四つのステップが関わってくる。また、自分の決意を表明することから志を完遂するまでを、自分個人の責任として引き受けねばならない。

アカウンタビリティをこのようにとらえれば、過去の行為について問われるままに説明するだけではなくて、現在と未来の活動に目を向けるようになる。この新しい定義に従って責任を引き受ければ、困難な状況を克服し、求める成果をあげるためにできる限りのことをやろうとするようになるだろう。

従来のアカウンタビリティの定義では、現在や未来の行動ではなく過去の行動が重視される。ほとんどの企業は、失敗への恐怖心が成功の糧となると想定している。だが、そんな想定をしていては、従業員は言い訳の準備に必死になるだけではないだろうか。

新たな定義に基づいたアカウンタビリティは、より良い結果のために「今」できることに目を向ける。だが、従来のアカウンタビリティは、過去の事柄へと目を向けさせる。過ぎ去った事柄に目を向けていては、予防的なアプローチがとれない。

アカウンタビリティは未来に目を向ける力を生む

アカウンタビリティの真の価値、真の効力は、人や組織が結果を出そうと発揮する力から生じる。従来の「責任」では、「人は受け身の姿勢よりも積極的な姿勢から多くを得る」という認識が欠けている。

身近な例を挙げよう。地方自治体は、必要に応じて道路に停止線や信号を設置する。だが、その時期と場所の決め方には首をかしげたくなることが多い。

筆者の家の近くに、交通量が多く見通しの悪い交差点があった。ところが、この交差点への信号の設置は極端に遅かった。停止線や信号の設置は、危険性を訴える苦情の数に関係なく、事故件数で決まる。事故件数が一定の数に達すると停止線を引き、死亡事故が何件か発生すると信号を設置するのだ。

この交差点の場合、死亡事故も含む交通事故が多数発生したのだが、四方の一辺ずつ停止線を引いていき、それから信号を設置するという段階的な対策が講じられた。正しい対応をするまでに、痛みや犠牲、はては命までも必要としたとは、なんと残念なことだろう。こんな事態を招くからこそ、受け身でとらえる責任には嫌悪を感じる。積極的に責任を引き受けるようになってもらうことを切に願う。事が起きた後では、態度を正して悪い事態を避けようとしても手遅れだ。

意図的かどうかは別にして、つらいことや問題があると、過去に起きたことに非難の矛先を向ける風潮がある。それが、現在と未来の行為や態度、感情といったものに対するアカウンタビリティの欠落を招いている。

悪夢、摂食障害、潔癖症、神経症、自己否定、肉体的疾患、金銭トラブルといったことの原因が、過去の特定の出来事や経験であるとする人は珍しくない。ダイエットの挫折や子育てのトラブルも、疎外感や孤独感を感じやすいことも、すべて過去に受けた傷のせいにする。まるで、自分だけがそうした傷を抱えているかのように。

実際に被害者であろうと被害者ぶっているだけであろうと、自分の現在と未来に対する責任を引き受けて充実した人生にしようと思わない限り、過去に受けた傷を克服することは絶対にできない。自分自身の責任に対する見方を変えるには、先に提示した新たなアカウンタビリティの定義を受け入れることから始めるべきだろう。

◉アカウンタビリティは「責任の共有」でもある
――「ジョイント・アカウンタビリティ」という考え方

「責任の共有《ジョイント・アカウンタビリティ》」とはどういうことか

アカウンタビリティは、状況と結果に対する当事者意識を他人と共有することで最大限の効力を発揮する――本書が唱える〈アカウンタビリティ〉の意味として、この部分を強調したい。

悪い結果の責任をとるべき犯人捜しでひとりの人物が特定されれば、当然ながら、残りの者は解放されたと思って安堵のため息をつく。ひとりに責任を負わせれば、残りの人は心安らかになるだろうが、組織の成果は個別の活動ではなく集団活動によって生み出されるものである。

したがって、組織の業績が悪いということは、必然的に集団の失敗もしくは集団での失敗の共有を意味する。組織におけるアカウンタビリティの意義を完璧に理解するには、責任の共有《ジョイント・アカウンタビリティ》という原理を理解しなくてはならない。

野球がいい例だ。選手は、それぞれに自分の守備範囲を持っている。だが、厳密に範囲を区切っているわけではない。守備範囲（責任）に重なる部分が生じる。つまり、グラウンド全体の守備は、個人の責任の範疇を状況に応じて移動させながらのチーム活動なのだ。だからこそ、たとえ他の選手に捕れるボールであっても、届く限りのボールを追うよう練習をする。

バッターの打ったボールが左中間の浅い部分に飛んだとしよう。すると、誰の守備範囲か定かでないまま、ショート、レフト、センターの三人が瞬時に反応する。時には、野手同士が鉢合わせになったり、別の誰かが捕るものと思い込んで見送ってしまう、ということもある。チームスポーツでは、一人ひとりが各自の責任を負いつつ、チームの得点に貢献する。ジョイント・アカウンタビリティが試合の結果にものをいうのだ。組織事業も、いろいろな意味でチームスポーツと同じだと言える。

ある企業の社長は、自分にとってジョイント・アカウンタビリティとは「ひとつのボールを落とさないよう全員が協力し合って働くこと。ボールが落ちたときは、それを拾おうと全員が

飛びつくこと」だと解釈している。

「だが、選手と選手の間にボールが落ちると、誰もが立ちつくしてしまう。そして『お前が捕るべきだった』と他人を責める」とも彼は言う。

チームで作業をしていると、誰かが期日を破った、誰かのせいで思わぬ出費がかさんだ、誰かが途中で辞めた、誰かが大事な事実を見落とした、との声が上がる。恐らく、どの企業でもよくある光景だろう。そうした声が上がっている限り、誰も落ちたボールに飛びつこうとしない。皆が澄ました顔で離れた場所に座り「今回は誰それが台無しにした」と口にする。

先の社長の会社では、品質に関して問題が発覚すると、責任者捜しの挙げ句にひとりが手を上げ、残りの者がその人を指さす、という具合だったという。それが、ジョイント・アカウンタビリティという概念を取り入れてからは変わった。今では、品質の責任者は誰かと問えば、全員が手を上げるそうだ。

また、著者がコンサルティングを請け負った企業で、システム全体で情報を統合すべく、社内プロセスを大幅に変更する計画が持ち上がったときのこと。統合がうまくいくか心配した経営陣は、社内の主だった部署から人材を集め、統合プロジェクトチームを編成した。

統合という共通の最優先事項があるため、互いに譲り合いが必要になる。この会社では、計画通りに同種の作業を完了できたことが一度もなかった。最終的に期日を四、五回延ばし、予算を超過するといった結果に終わってきたのだ。それだけに、チームのメンバーも不安な気持ちを抱えていた。

プロジェクトがスタートした九月、筆者は、一年後の期日までに作業を完了させることを第一に考えて行動できるように、積極的に責任を引き受ける環境づくりに力を注いだ。それに、経営陣も、それまでの「自分の仕事だけしていればいい」ではなく、「結果を出すために他に何ができるか」と考える姿勢が社内に根づくよう努めた。

すると、プロジェクトチームは期日直前の土曜日に深夜まで作業を続け、期日の一六時間前に統合作業を完了させたのである。もちろん予算内で！　ＩＴ絡みの作業が期日内に予算を超過せずに終了するのは、会社設立以降初めてのことだった。この統合は、他のクライアントが統合プロジェクトを立ち上げるときの手本とさせてもらっている。

アカウンタビリティは自分の担当する仕事の範囲のみにとどまらない

九八ページの図は、目標達成に対してジョイント・アカウンタビリティの意識を持つことが、組織の業績にどう影響を与えるかを示したものである。

組織に対する責任というと、自分の担当する職務に対する責任だけを思い浮かべる人が多い。そうすると、各自の仕事の領域からわずかでもはみ出したものは無視される。その部分をカバーするため、役割の見直し、人材補強（図では〈個人の責任〉の丸を増やすことになる）、組織

“個人の責任”

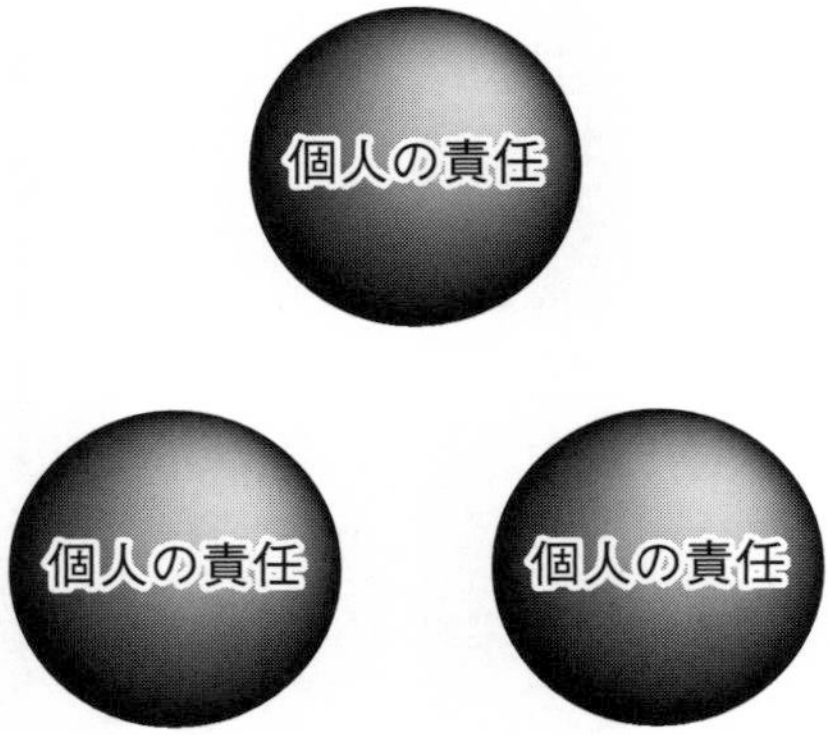

“責任の共有《ジョイント・アカウンタビリティ》”

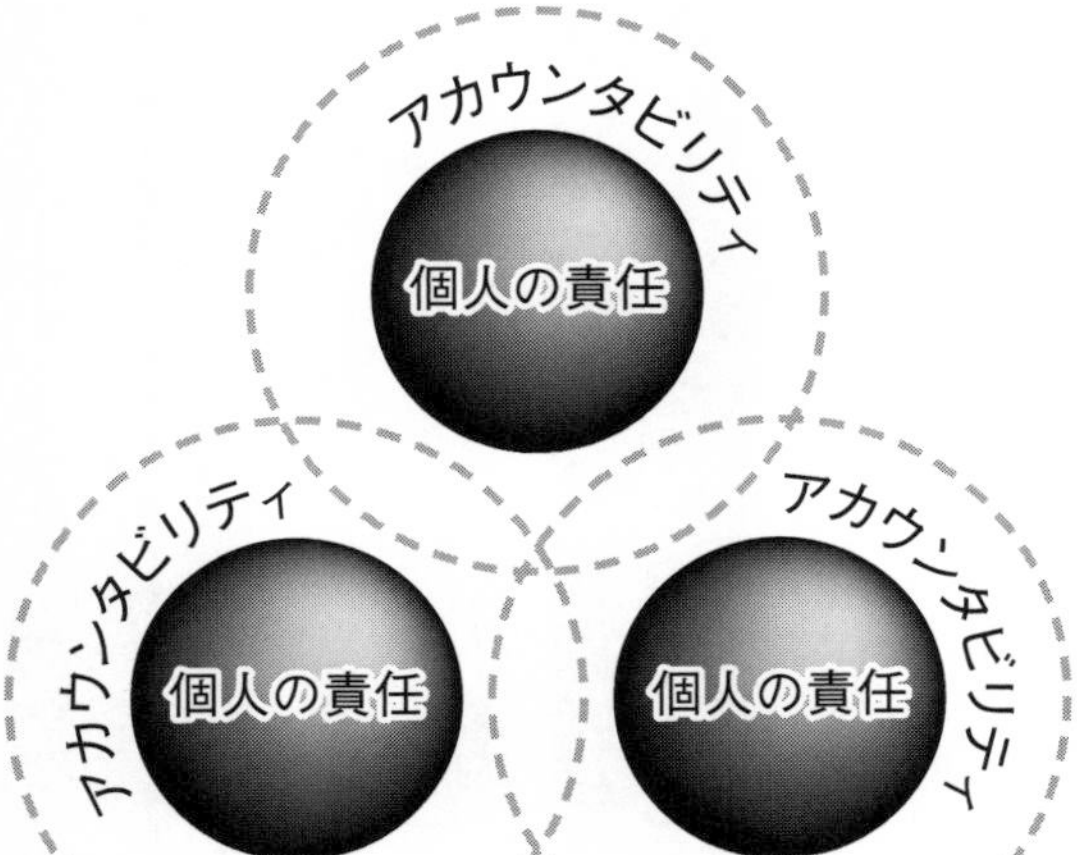

改変といった手段をとる。

だが、与えられた職務を果たすだけでなく、組織としての目標達成も個人の責任の一部だと各自が受け止めるようになれば、通常業務を越えた部分にも責任を感じるようになる。会社の利益、顧客からの苦情、情報の共有、プロジェクトの締め切り、コミュニケーション、販売など、会社全体の成功に関係することに対して、社員一人ひとりが責任を感じるようになるのだ。

会社業務のあらゆる面でこのような意識が芽生えれば、軋轢や隔たりがなくなる。そうすれば、ボールを落とさないように気を配るのは自分の責任だと、全員が意識するようになる。その責任の意識が、アカウンタビリティなのである。

ゼネラル・エレクトリック（ＧＥ）の元ＣＥＯ、ジャック・ウェルチは、ジョイント・アカウンタビリティと「ボーダーレス」を熱心に探求した。

「会社が目標を達成するためにあるなら、われわれはボーダーレスにならねばならない。ボーダー（境界）があること自体おかしい。労働組合もボーダーのひとつ。顧客も供給者も同僚も同じ。通じ合うにはボーダーを超えねばならない」と彼は言う。

社員一人ひとりが自分の仕事に対してアカウンタビリティを持つことは確かに重要なことだ。だがそれだけでは不十分である。他者と責任を共有する必要もあるのだ。

ジョイント・アカウンタビリティという概念を理解しづらいと感じる人は多い。なぜなら、集団の責任ではなく「ひとつの責任」だけを考えるよう仕込まれてきたからである。それに、組織全員が、共通の事柄、共通の結果に対する責任を担うことなど可能なのか、と疑問に思うかもしれない。誰も責任を負わないことにならないのだろうかと。だが、その心配はまったくない。

こんな例がある。食器洗浄機などの家電製品を製造するあるメーカーでは、二つの組み立てラインを並行して動かしていた。それぞれがほぼ独立した形で作業を進めており、運営の仕方も異なった。

ラインAは二〇の作業場に別れていて、このラインの作業員は欠陥部品を見つけるのがうまかった。誰かが欠陥品を見つけると、ライン監督者が飛んできて、皆の前でミスを犯した担当者を厳しく叱責した。

そうなると、自然と他の作業員たちは、自分は安全なところにいるという幻想にとりつかれ、「お前のせいで作業が遅れた」とミスを犯した作業員に文句を言い始める。ところが、時が経つにつれ、叱られたくないとの思いから、皆自分のミスを隠すようになった。監督者から問い詰められてもしらをきった。そのせいで、生産高は減少し、欠陥品や廃品が増加するという事態を数ヶ月にわたって引き起こすこととなった。

一方、隣のラインBは、Aとはまったく違う運営の仕方だった。誰かがミスをしたら、他の作業員がすぐに助けを差し伸べて一緒に解決する。口論になるようなこともない。作業員はラインBの一員として働き、時間内に高品質の製品を組み立てるという最終結果の責任は自分にある、と各自が感じていた。言い訳や被害者的な話によって、自分は安全だという幻想に陥ることなどない。作業員同士が互いに尊重しあい、ミスを見つけても、皆の仕事の邪魔をしたと個人を責めることは決してなかった。その結果、ラインBの生産性は常に高く、欠陥品や廃品はほぼゼロだった。

ラインAの作業員は、ミスを否定したり互いにミスを責め合ったりといった〈ライン下〉の行為に時間を費やした。彼らの意識は常に被害者であり、それが行動や言動、考え方などに表れることが多かった。

それとは対照的に、ラインBの作業員は仕事を楽しんだ。仲間との作業を楽しみ、充実感を持ち、素晴らしい成果をあげた。組織行動学の研究者なら、この二つの職場文化を比較して、違いを示す変数を無数に取り上げ、多くの相違点を雄弁に語るだろう。だが本書で指摘したい違いはひとつ。片方はジョイント・アカウンタビリティを全うし、もう片方はそれをしなかった——これが根本的な違いである。

「私はできる」ではなく「私たちはできる」

ベストセラーとなった『七つの習慣』(川西茂訳、キングベアー出版刊、一九九六年)の著者、スティーヴン・R・コヴィーは、次のように述べている。

依存状態にいる人は、「あなた」というパラダイムを持っている。「あなた」が私の世話をする。「あなた」が結果を出してくれる。「あなた」がやってくれないとだめだ。結果が出ないのは「あなた」のせいだ、ということである。

自立は、「私」というパラダイムである。「私」はできる。「私」の責任だ。「私」が結果を出す。「私」は選択できるということである。

そして、相互依存は「私たち」というパラダイムである。「私たち」はできる。「私たち」は協力する。「私たち」が才能と能力を合わせれば、もっと素晴らしい結果を出すことができる、ということである。

筆者はこう思う。「依存状態にある人」はほしいものを得るのに他者を必要とし、「自立した人」は自分で努力してほしいものを得ようとし、「相互依存状態にある人」は両者の一番良い部分を組み合わせるのだ、と。

効率のいい作業環境では、相互依存の原理とジョイント・アカウンタビリティが取り入れられている。そうした環境では誰も責任を恐れない。自分たちの成功を目指して互いに教え合うようになる。自分の仕事ぶりと結果を出すことの両方に対して責任を持つと同時に、全体の目標達成にはチームワークと責任の共有意識が必要なのだと理解する。

このような環境では、責任は前へ進ませてくれる原動力となる。もちろん、ミスをすれば責任をとらねばならないが、それもまた、より良い将来の礎となってくれるだろう。言い訳に費やす時間と労力は減り、問題解決に向けた積極的な行動に、より多くの時間と労力をかけるようになる。罰は学習に変わり、失敗は成功に変わり、被害者意識はアカウンタビリティに変わる。

ジョイント・アカウンタビリティの精神が社内に根づいていないと、製品リコールやノルマの不達成、予算超過などの問題が生じたときに、誰も関心を示さなかったり責任の押しつけ合いが始まったりする可能性が高い。

影響を受けない部署の人間は高みの見物を決め込み、自分の責任の範疇外であることに安堵し、岐路に立たされずにすんだことに感謝する。だが実際には、問題の影響は部署の垣根を越えて広がるものである。ジョイント・アカウンタビリティの精神が根づいていると、問題の解決には広範囲にわたる協力が必要になる、との自覚が生まれる。

アポロ一三号の宇宙飛行士の「ヒューストン、何か問題が発生したようだ」という言葉を思い出してほしい。これを聞いた地上職員たちは、ぼんやりと誰かが行動を起こすのを待っていただろうか。とんでもない。その言葉を聞いて、すぐさま行動を起こした。誰もが率先して協力を申し出て、さらに起こりうるトラブルを予測した。問題はひとつ——どうやったら無事に帰還させられる？——だが、この解決には全員の協力が必要だった。

個人だけではなく組織としての成果達成に責任を持つ

ジョイント・アカウンタビリティとはどのように作用するもので、どう管理すればいいのか？　責任を共有する仲間が被害者意識の悪循環にとらわれたとき、自分はどうすれば〈ライン下〉に引きずり降ろされずにすむのだろうか？

ジョイント・アカウンタビリティの精神をはぐくむのは難しいので、そう簡単には定着しない。個人の責任はそのままに、結果の達成についても皆一様に当事者意識を持つような環境を生み出せるだろうか？　問題解決に協力しようとして、実際には周囲の邪魔をしてしまうのはどんなときだろうか？　自分個人の責任と他者の責任との境界を取り払うことはできるのだろうか？　何もかもが自分の責任だと思い込んでしまうような混乱には陥らないだろうか？

どれも、解決に困難を要する問いかけだ。

これらの問いは、組織全体としての成果に注意を向ければどれも答えが出る。**個人の職務だけでなく組織としての成果達成にも皆が責任を持てば、自然と正しいことが起こる。個別の業務と組織が求める成果に直接の関係を見いだすと、そこに目的とビジョンが生まれ、モチベーションが高まる。**

すべては、社員全員が各自に与えられた役割の意味を把握し、適切な行動をとれるかどうかにかかっている。それができないと、途中で職務の目的を見失い、結果を出すという気持ちがなくなってしまう。

本書が提唱する定義で〈アカウンタビリティ〉をとらえるには、それなりの代償が必要になる。安心したいがために特定の人物を責めたり、犯人捜しゲームに興じたり、といった行動は捨てねばならない。また、他者への協力と自分の戒めにいっそう努めなければならない。個人のアカウンタビリティとジョイント・アカウンタビリティの両方を、常に念頭に置くことが要求される。

とはいえ、そうした代償を払っても新たに得るメリットのほうがはるかに大きい。〈ライン下〉に潜んで言い訳する人がいなくなる。中途半端な活動のせいで結果が出せない、ということもなくなる。落ちたボールを誰が拾うかでもめることもない。それに、何から何までこと細かに管理する時間も省ける。

アカウンタビリティを持つメリット

もっと具体的なメリットを実感してもらうには、実際にアカウンタビリティを身につけた人を例に挙げたほうがわかりやすいだろう。デニス・アンティノーリのケースを紹介しよう。

デニスは大手製薬会社の販売部門担当役員である。この会社では、年に一度全国の販売員を集めて会議を開き、その場で新製品を発表することになっていた。ある年、デニスは会議の二ヶ月前に、新製品の導入が一年遅れると連絡を受けた。

この知らせに困惑しながらも、彼は自分自身に途方もない難題を三つ課した。ひとつ目は、自分自身を〈ライン上〉に留め、自分を苦しい立場に追い込んだと開発の人間を責めることをせず、新製品なしで数字を達成すること。二つ目は、販売マネジャーたちを〈ライン上〉に留めるよう全力を尽くすこと。三つ目は、新製品なしで販売員に目標達成させねばならない販売マネジャーを、誠心誠意サポートすること。

デニスは〈ライン上〉の態度を維持し、新しい〈アカウンタビリティ〉の定義を踏まえて、一八名の販売マネジャーに状況を説明した。製造部や会社に対する不満の声が上がったが、デニスはそのまま被害者的な彼らの態度を眺めていた。

ひとしきり不満が出たところで、デニスは話を進めた。販売目標の達成は、彼にもひどく困難に思えたが、不可能だとは感じなかった。デニスは皆にこう尋ねた。

「私たちの前に大きな障害が立ちはだかっている。だがそれを乗り越えて、会社が課した目標を何としても達成したい。そのためには何ができる？」

この質問に、マネジャーたちはとまどいを見せた。「新製品がないのに、いったいどうやって新製品を導入できるって言うんです？」と彼らのひとりが逆に問いかけた。

デニスは、「それは問題の本質ではない」とさとした。

「私たちにとっての問題は、販売目標の達成であって、新製品の導入ではない。年度内に新製品は出ない。それでも会社は当初の数字の達成を課してきた。それが現実だ。新製品の開発担当者をいくら責めても、売上目標を達成するという役割からは逃れられない」

しばらく議論を続けていくと、皆の態度が変わった。〈ライン上〉にのぼったのである。その証拠に、彼らの口からこんな言葉が出始めた。

「新製品なしで今年の販売目標を達成するために、何かもっとできることはないだろうか？」

この会議から数ケ月のうちに、デニスたちは販売力を強化するさまざまなアイデアや方法を出し合った。そして、見事に当初の目標を達成した。それだけではない。前年比一五パーセントアップという、過去最高記録を打ち立てたのだ。

その翌年、例の販売会議の数週間前にあのときのメンバーで集まることになった。その場でデニスが「昨年の販売実績に一番役立ったものは何か？」と尋ねたところ、こんな答えが返ってきたそうだ。

「あのときに、〈ライン上の姿勢〉というものを実感しました。その姿勢のおかげで、誰かを責めることなどで時間を無駄にせず、解決策を必死に求めて行動に移せたんだと思います。やりきれなさを抱えることなく目の前の問題に集中できたおかげで、厳しい状況にもかかわらず、あれだけの成功を収められたのでしょう」

責任を共有して大きな成果をあげた会社の実例

この章では、〈オズの原則〉における〈アカウンタビリティ〉の意味を説明してきた。この意味でアカウンタビリティをとらえるようになれば、〈ライン下〉と〈ライン上〉の態度の違いがはっきりとわかるようになるはずだ。本章のまとめとして、以下のストーリーを用意した。意図的に〈ライン上〉にのぼろうとすることの重要性を感じてもらいたい。

一九九〇年代前半、医療機器メーカーのガイダント社（二〇〇九年からボストン・サイエンティフィック傘下）は製品開発力の向上に力を注ぐと決意した。その当時、ガイダントは新製品を長らく発表しなかったため、業界では開発力の弱い会社と見なされていたのである。

競争力の弱さを示す兆候がはっきりと出ていたにもかかわらず、社内の大半の人間が「増産に対処する」ことを最重要課題ととらえ、緊急に解決しなければならない製品開発という問題から目を背けた。

同社のジェイ・グラフ社長には、後発のライバル企業がいずれ市場のリーダーとなるだろうとの予感があった。彼らが次々に高性能の新製品を導入してくれば、あっという間に追い抜かれてしまう。彼らの製品が市場に出回ったとたん、ガイダントは後手に回り、取り残されてしまうだろう。

ガイダントの経営陣は現実を見つめた。すると、エンジニアが機器を設計する際、機能の追加の要請が絶えず出される状態が続いていると判明した。ひとつ追加が果たされると、また他の誰かが別の機能の追加を要請するのだ。こんな「機能詰め込み主義」に振り回され続けては、いつまでたっても新製品を発表できない。

こうして発覚した根本的な問題が社内全体の知るところになると、一致団結してその問題に取り組み始めた。頻繁にプロジェクトレビュー会議を開き、製品開発チームのためにタイミングを見計らってガイダンスやコーチングを行った。また、新たに人材育成プログラムを立ち上げて、アカウンタビリティを身につけるための研修も開いた。これまでの「言い逃れ、混乱、自己満足」の企業文化から、「アカウンタビリティを持つ」企業文化へと転換しようとしたのだ。

それから数年がたつと、ガイダントの社員全員が市場に新製品を投入することを自分たちの責任として受け止めるようになった。製品開発を戦略の一環としてとらえるだけでなく、社員一人ひとりが新製品開発を念頭に置いて職務を遂行するようになっていた。その数年後には、ガイダントは「新製品開発マシーン」を自称する企業となり、一四ヶ月で一四の新製品を市場に投入するまでになった。

九〇年代後半に、ガイダントは世界最小の除細動器の開発に新たに着手した。ところが、その革新的な製品を市場に投入しても大して注目が集まらず、経営陣はショックを受けた。「本当に目が覚める思いだった」と品質保証部長のデール・ホームは言う。「われわれの方針

──最高の技術があればトップになれる──は打ち砕かれた。技術以上の何かが必要だった」。この一〇年で二度目となる厳しい現実が、ガイダントの前に立ちふさがった。

再び経営陣が動いた。今度は、自分たちのビジネスの視点を変えようと試みたのである。これまでは社内の研究開発部の視点だけを頼りにビジネスを展開してきたが、患者と顧客の視点から自分たちのビジネスを考えるようになった。患者と顧客を会社の一員としてとらえ、彼らを最優先に位置づけた。そして、この新たなとらえ方で仕事に臨もうと社員を鼓舞し、患者と顧客を第一に考えることの大切さを社内全体に広めた。

さらに、ある臨床試験の結果に注目し、顧客と社員の両方を活気づかせる手段にも出た。ある大がかりな臨床試験の結果から、除細動器を必要とする患者のうち、実際に機器を装着している患者はわずか二〇パーセントに過ぎないという現状が浮き彫りになったのである。品質情報技術部のジャネット・バブカ部長は、その状況について次のように述べた。

「その後の研究により、除細動器治療を必要とする人の数はさらに多いと判明しました。このまま何もしなければ、危険な状態にありながらも除細動器治療を受けない人の数は増えるばかりです」

このもどかしい現状を何とかしようと、ガイダントは行動に出た。

「他社の機器との違いだけを訴えるのではなく、治療しなければ命に関わるというメッセージを伝えていくことにしました。機器を使うべき人が使っていないという現状を変えることで、業界の流れそのものを変えようと努めたのです」

ガイダントにとっての競争力は、製品の良さだった。だが、販売、サービス、技術サポート、教育といった、ビジネスのあらゆる側面にも競争力を意識するようになった。以前は、一、二、三のことにしか目を向けていなかったのだが、その意識が生まれたおかげで、二〇の側面に気を配るようになったのである。

さらに、会社として打ち出すメッセージにも注目した。市場でどう見られるか、ということにも責任を感じるようになった。ガイダントの製品は優秀だ、と専門家は言ってくれる。だが、ガイダントは自分たちでそのメッセージを伝えようとしてこなかった。いくら技術が優れていても、売る努力をしなければ売れない――ガイダントはようやくその事実を認識した。

今では、どの戦略計画書も、「その功績を広く世間に認められること」との文言が必ず最後に添えられる。

〈ライン上〉にいる人の態度

〈アカウンタビリティのステップ〉をのぼるには、時間と努力と意志が必要であり、時には傷つくこともある。とはいえ、一度でも〈ライン上〉の生活を味わえば、誰も犯人捜しゲームをしていた自分に戻りたくないと願うようになる。

〈ライン下〉に落ちる可能性はある。むしろ、絶対に落ちると言ってもいい。だが、「〈ライン下〉に落ちている」と自分で気づくようになればいい。そうすれば、深くはまり込む前に何とかしようとできるのだ。

〈ライン上〉に行くには、アカウンタビリティのステップをのぼらねばならない。アカウンタビリティのステップは全部で四つあるが、第2部で一つひとつ解説する。

〈ライン上〉に留まるには、責任ある態度や振る舞いを心がけていなければならない。〈ライン上〉の態度の主なものを左記に紹介し、本章の締めくくりとしたい。

- 自分の仕事ぶりについて、他人に率直な意見を求めている。
- どんな事実も隠してほしくない。事実から目をそらそうと思わない。
- 現実は、つらい問題も含めてしっかりと受け止める。
- 自分ではどうにもできない事柄について悩まない。
- 常に一〇〇パーセント全力投球で行動する。勢いが衰えたと感じたら、自分で自分を奮い立たせる。
- 自分が置かれた状況や自分の出した結果が不本意であっても、自分のこととして受け入れる。
- 〈ライン下〉に落ちたと気づいたら、ただちに被害者意識の悪循環から抜け出すよう努める。

・さまざまなことができる機会があって、毎日が楽しい。

・常に「現状を乗り換えて求める結果を出すために、他に何ができるか？」と考えている。

このように考えて行動していれば、あなたも〈ライン上〉の住人だ。現状を打破し、求める結果を出す――これが『オズの魔法使い』の旅人たちに与えられたテーマであり、〈オズの原則〉の真髄である。

第2部

自分のアカウンタビリティを伸ばす

〈現実を見つめる〉
〈当事者意識を持つ〉
〈解決策を見いだす〉
〈行動に移す〉

——ビジネスで成功するには、この四つの〈アカウンタビリティのステップ〉をのぼることが不可欠である。第2部では、この四つのステップをひとつずつ学んで、自分のものにしてもらう。

現実を見つめる勇気、不条理な状況をも自分のこととして受け止めるハート、トラブルや困難を乗り越える知恵を身につけて、実際に行動を起こす。そうすれば、望む結果を手にすることができるのだ。

第4章　勇気を持って「現実を見つめる」
――臆病なライオンのように

「オズは私に勇気をくれるでしょうか？」臆病なライオンは尋ねました。
「きっとお安い御用さ。僕に脳みそをくれるみたいね」かかしは言いました。
「私にハートをくれるみたいにね」ブリキの木こりは言いました。
「私をカンザスに帰してくれるみたいにね」ドロシーは言いました。
「それでは、よろしければ私もお供させてください」とライオンは言いました。
「これっぽっちの勇気もない人生は、みじめなだけですから」

◉厳しい現実を認識する勇気が求められる

厳しい状況を現実のものとして認識するには勇気がいる。たとえ優秀だと評される人物であっても、勇気を出せないことがある。

製薬会社シェリング・プラウは、六〇〇〇万ドル分の吸入器をリコールした。出回っている吸入器のなかに、喘息の発作を軽減する有効成分が含まれていないものがあると発覚したのだ。もともとシェリング・プラウは製造管理に定評があったが、近年になって、製品リコールやFDA（食品医薬品局）から罰金を科されるなどの制裁を受けることが増えた。

どうやら、ヒット商品の販売とマーケティングに資金を注ぐあまり、強みであった製造管理システムを過信して、工場の設備改善を延期したためらしい。

幸い、同社の経営陣は、勇気ある企業としての気概を見せてくれた。リチャード・コーガンCEOが株主に対し「私の責任において、問題となっている事項はただちに解決し、FDAの信頼を確たるものにする」と宣言したのだ。

その言葉通り、彼は製造管理システムの改善と、世界中の支社に品質を扱う部署の設置を実施し、それに伴い品質管理担当者と研究者を大幅に増員した。また、FDAコンプライアンスを監視する機関として、元FDA職員から成るレビュー委員会を設置した。

コーガンCEO率いる経営陣の対処ぶりは実に見事である。現実を見つめ、間違いを認め、改善の必要性を悟るには勇気がいる。そして勇気を持つことが、〈ライン上〉への第一歩である。

いざ現実を見つめようと思っても、そう簡単にはできない。でも、一歩ずつ着実に進んでいけば、できるようになる日は近い。〈ライン上〉への第一歩を踏み出すときは、ジャック・ウェルチのこの言葉を胸に刻んでおいてほしい。
「経営とは、現実を自分の目でまっすぐに見据えたうえで迅速に行動することである」

どんなにアカウンタビリティの高い人でも、時として被害者意識の悪循環に陥ってしまったり、難題によってつまずいてしまったりすることがある。ただ、〈ライン下〉から抜け出す最初の一歩は、いつもそこにいる人も、一時的に陥った人も変わらない。
「自分は現実を受け入れていない」と認識することだ。ただしそれには勇気がいる。どんなに嫌でも、どんなに不公平に感じても、それが自分の現実だと認めなければならないのだから。だが、まずは現実を認めないと、対処のしようがない。

インテルのアンドリュー・Ｓ・グローヴ会長によれば、どんな企業でも、大幅に変化しない限り次の段階に上がれないという時期に直面するのだという。そのタイミングを見逃して上がり損ねたら、会社は下降線をたどる。そうならないためには、勇気を出すことが肝心なのだ。

◉〈現実を見つめる〉ことができない原因

現実を見つめることができない原因として最も多いのは、外的要因の変化を受け入れようとしないことである。ウォール・ストリート・ジャーナル紙にこんな記事があった。

ＡＴ＆Ｔカリフォルニア州サクラメント支社から、コニー・プロウドたち営業員のデスクがなくなった。代わりにノートパソコンと携帯電話と携帯プリンターが支給され、自宅や顧客先を「バーチャルオフィス」にするよう言い渡された。

プロウドさんは勤続一九年のベテラン社員。外向的な性格で、仲間と過ごす職場でのひとときを楽しみにしていた彼女にとって、この変化を受け入れるのは簡単なことではなかった。「不動産業者がやってきて解体を始めるまで、皆オフィスに来ていましたね。居心地がよかったのだと思います」と彼女は振り返る。

こうした変化の受け入れを拒めば、あっという間に〈ライン下〉に落ちてしまう。オフィスを撤去した不動産会社の部長は、会社の決定に強い抵抗を見せるプロウドたちの態度に驚いた。「なぜ、オフィスはコンピュータ画面を見ていたり電話をかけたりする場所ではないという事実を受け入れられないのでしょう？　そんなことは自宅でもできるのに」

また、ＡＴ＆Ｔの役員の中にも、ベルが言うような「米国企業のオフィスレス化」という考え方を受け入れがたく思った者もいた。あてがわれる執務室の大きさや場所がステータスだった時代に、出世街道を登り詰めたからだろう。だが、そうした時代の流れに抵抗すれば、市場シェア獲得の激しい競争の中で勝ち残っていけない。

不動産会社アーンスト&ヤングのラリー・エーベルト取締役は、ＡＴ＆Ｔのようなオフィス形態の変化に対し、馴染めないといって抵抗を感じる人は今後も多数出てくるだろうと話す。ただ、こうした変化が避けがたいものであれば、抵抗する人は確実に〈ライン下〉に落ちる。

◉〈ライン上〉にのぼる努力をする

被害者意識の悪循環にとらわれていては、次のことをする勇気を出すこともできない。

1　〈ライン下〉に落ちてしまったと自覚すること。
2　〈ライン下〉に留まっている間は、問題から逃げてしまうだけでなく、事態を悪化させてしまうことが多いと自覚すること。
3　責任を担う第一歩として現実を認識して受け入れること。

勇気を奮い起こせない人は「犠牲を払ってまで大きな責任を背負うくらいなら、結果が出せなくてもいい」と思ってしまう。厄介な状況にあるとき、誰しも心の奥底ではわかっている。現実を見つめれば、変わってしまうのが怖いものを変えねばならないし、ときには変えたくないものまで変えねばならない、と。

角度を変えて状況を見ることから、変化は徐々に始まる。自分の間違いや、もっとできたはずなのにやらなかった自分が見えてくる。自分の力ではどうにもできないことについては、気持ちを切り替えて前に進めばいい。自分では解決しようのないことにまで、わざわざ向き合う必要はない。

これまでと違う何かを実施するとなると、「避けてきたリスクをとる」「逃げていた課題や人物と対峙する」といったこともやらねばならない。

シカゴを拠点とする紳士服メーカーのハートマークスは、それができずに失敗した。同社の経営陣は、ハーヴィー・ワインバーグCEOの経営力の低さに気づきながらも対峙を避けてしまった。結局、ワインバーグへ退陣を要求したのは、三億二〇〇〇万ドルの損失を出した後のことだった。

ウォール・ストリート・ジャーナル紙によると、経営陣がなかなか行動を起こさなかったのは「決断を急ぎすぎたと思われたくなかったから」だという。様子見をしたせいで、同社の時価総額は六億ドルから二億ドルに暴落した。

現実の受け入れは難しい。それをすると、被害者という居心地のいい殻を脱ぐことになってしまうからだ。〈ライン下〉にいるほうが、ずっと穏やかに過ごせそうだと思うかもしれない。だが実際には、被害者という殻が提供する居心地の良さは幻想でしかない。いずれその代償を支払うときがくる。

問題を抱えているのに放っておく、何も行動しない、何も学ばない、責任を認めない、間違いを認めない、事実に向き合わない、被害者ぶって同情を買おうとする、目的達成のためにできることを探さない、向上心を持たない、という態度では何も始まらない。高みへのぼり、問題を解決するには、〈ライン下〉は心地よいという幻想を捨て、何としても〈ライン上〉にのぼろうと努めねばならない。

難しい問題に直面したら、そのままはまり込んでいたいのか、何とか突破口を見いだして抜け出したいのか、自分の心に尋ねるといい。被害者意識の強い人でも、問題のない人生のほうを望むものだ。ただ、突破口を見いだすには、それまでの行動や態度と決別する必要がある。

自分は被害者だと思っている人は、〈ライン下〉の態度の薄っぺらな心地よさに身を置いて、そこから物事を見ている。その態度を捨て、ありのままの現実を受け入れようとする態度に変えなければならない。

⦿〈現実を見つめる〉ことができないとどうなるか

現実を見つめていなかったIBM

タイム誌にかつてこんな記事が載ったことがある。

ＩＢＭは長年にわたって、メインフレーム（大型汎用コンピュータ）が主流でなくなったトレンドをかたくなに無視しようとしてきた。時代に合わせて変化するのではなく、自らの基幹事業を守ろうとした。……だが、売れ行きは鈍り、値下げ要求が高まったことを受け、ようやく業界の動向に向き合った。ＩＢＭのジョン・エイカーズ会長がメインフレーム事業から他事業に主力を移す構えを示したのだ。同事業は今年（一九九二年）に入ってからすでに、一〇パーセントの業績低下を見せている。

突然状況が変わったわけではない。すでに多数の同業者が、現実を見る勇気を持てずにその代償を払っていた。

非メインフレームの分野を軽視するようなこれまでの戦略はもう通用しない――その兆しははっきりと現れていた。だというのに、ＩＢＭはそれを無視した。後発のアップルコンピュータが、パワーブックという「小型パーソナルコンピュータ」のヒットを受けて、ＩＢＭをよそにＰＣのリーディングブランドとしての地位を確立し、素晴らしい成果をあげていたというのに。

ＰＣ業界で果敢に値引き合戦が繰り広げられ、需要が一気に高まったが、その需要を満たそうとしたのは二社だけだった。ひとつはアップル、もうひとつはＩＢＭと互換性のあるコンパックである。また、ＩＢＭはワークステーション（業務用コンピュータ）革命を予測できず、サン・マイクロシステムズやヒューレット・パッカードの躍進を黙って見ていることとなった。先ほどの記事は次のようにまとめていた。

ＩＢＭはかつて素晴らしい技術を開発したというのに、基幹事業であるメインフレームビジネスを縮小するのを恐れるあまり、何もしなかった。

現状を見つめることができなかったＩＢＭは、基幹事業の価値も、将来有用になる立場を得るチャンスも失ってしまったのである。

ＩＢＭはいつ〈ライン下〉に落ちたのか？

ＩＢＭはいつ〈ライン下〉に落ちたのだろう？　フォーチュン誌（一九九一年）がその時期を明確に指摘していた。

ＩＢＭに降りかかった災難の大きさ、同社が抱える問題の深刻さ、そして、その現実から経営陣が目をそらしていたことに関しては、一九八六年後半からの経緯を見ていけばよくわかる。ＩＢＭブームが終焉を迎え、同社が苦しみ始めてから一年が過ぎたころである。売上の成長どころか、収益もないに等しかった。ほんの七ヶ月前は時価総額九九〇億ドルだったというのに、株価が一二五ドルまで下がり、二四〇億ドル近い損失を出していた。

こうした状況にもかかわらず、ジョン・Ｆ・エイカーズＩＢＭ会長はフォーチュン誌のインタビューで強い自信を見せていた。「四、五年後には、わが社は最高の業績をあげているはずだ」と断言している。

ところがその五年後、エイカーズの言葉は間違いだったと現実が証明した。ＩＢＭの株価は下落し続け、時価総額がさらに一八〇億ドル下がった。収益成長率は業界平均の半分にも満たず、世界全体の市場シェアが三〇パーセントから二一パーセントに落ち込んだ。一パーセント下がるごとに、売上に三〇億ドルの打撃を受ける。

フォーチュン誌はエイカーズに尋ねた。何を間違え、なぜ彼の描いた「最高の業績」が実現しなかったのかと。エイカーズは、「何か間違いをしでかしたとは思わない」と答えている。それに対しフォーチュン誌の記者は、次のような反応を見せている。

ならば、どうして一九九一年の五月にマネジャーを集めて「ＩＢＭは危機的状況にある」と告げた（公に発言したものではないが、すぐにマスコミに漏れた）のか？　一九八六年以降、同社の時価総額は四二〇億ドル低下している。それでも間違ったことをしていないと言うなら、一体、どれくらいの下落を間違いと呼ぶのだろうか？

エイカーズは後に、自らの発言の主旨は「コンピュータ業界は変化が激しいので、不測の事態は予測できない」ということだったと釈明した。彼の名誉のために付け加えるが、エイカーズは、市場シェアの大幅な減少はＩＢＭ自らが招いたことだと認めている。

新CEOは現実を見つめて対処した

一九九四年に入ってもＩＢＭの苦悩は増すばかりだった。そのころＣＥＯに就任したルイス・ガースナーは、あり得ない奇跡を期待されていた。きっと彼は、オズの魔法使いと同じ心境だっただろう。ガースナーは就任後、ただちに現状を見つめて対処するよう努めた。ガースナーの著書『巨像も踊る』（山岡洋一、高遠裕子訳、日本経済新聞社刊、二〇〇二年）の中で、彼はＩＢＭでの最初の経営幹部会議で次のように発言したと述べている。

不幸を嘆いていても始まらない。元気づけのスピーチなど誰も聞きたくないだろう。今われわれに必要なのは、リーダーシップと方向性と勢いであって、運命を嘆くことではない。私が望むのは、目先の勝利を追い求めながらも熱意を忘れない、そんな意欲ある人材だ。私たちが抱える問題を生み出した犯人捜しに使える時間はない。そんなものに興味はない。問題は何かと、ゆっくり考える時間は許されていない。私たちは、問題の解決と行動を起こすことに力を注がねばならない。

ガースナーは引き続き、最初の九〇日間の優先事項として左記の五つを提案した。

1　資金の流出を止める。資金が底をつきかねない危険な状況にある。
2　一九九四年には黒字に戻し、ＩＢＭは安定したと世間と社員に知らしめる。
3　一九九三年から九四年の間に、顧客本意体制に戻ったと主要顧客に納得してもらうための戦略を策定して実行する。「足かせ（メインフレーム）」を強要して目先の利益だけを追いかけるつもりはないと理解してもらう必要がある。
4　第三・四半期の始まりまでに人員整理を終える。
5　中期的なビジネス戦略を策定する。

ＩＢＭの歴史的転換の基礎は、この会議の四五分間のうちに築かれた。現実を見つめるのは簡単ではない。だが、自分が現実を見つめなければ、部下を〈ライン上〉にのぼらせることも、結果に対する当事者意識を持たせることもできない。

現実を見つめることの重要性が理解できたところで、今度は、自分に現実を認識する力がどのくらいあるかを確かめる方法、そしてその力を高める方法について見ていく。その力が身につけば、現実が見えないという困った事態に陥らないですむ。

◉〈現実を見つめる〉――セルフチェックテスト

中堅のコンピュータメーカーの営業部長が、同僚であるマーケティング部長に向かって、「売上が不調なのは、製品が顧客のニーズに合っていないからだ」と言う。だが、マーケティング部長は取り合わない。――これは、どこの会社にもありそうな光景だ。営業部長の目には、「マーケティング部長は営業部の意見に耳を貸さない」と映っているし、マーケティング部長の目には、「営業部長は営業部の成果に満足していないから、マーケティングのせいにしている」と映っている。二人とも、相手のせいで自分が被害を受けていると感じている。

つまり、両者とも〈ライン下〉に留まったまま、現実を見ようとしていないのだ。現実を見ることができないと、互いに責め合うことに時間と労力を無駄に費やす。リーダー的立場の人間がそんな態度では、混乱や社内不和を引き起こし、部下も「リーダーが結論を出すまで様子を見よう」という態度になってしまう。この二人の部長が、〈ライン下〉の態度をとっていると気づくようになるには、どうすればいいだろう？

それにはまず、自分自身を正直に評価することから始めねばならない。一三〇ページのセルフチェックテストをやってみてほしい。〈ライン下〉の態度に気づく力が自分にどのくらいあるか、これである程度つかめるはずだ。職場や家庭や地域活動など、自分が関係するさまざまな場面を思い浮かべながら、各問いに正直に答えて現実を見つめる力を評価してみよう。

テストを終えたらスコアの合計を出し、一三一ページの判定表で〈ライン下〉の態度に気づく力がどの程度あるか確認しよう。

たとえ、「現実を見つめるには周囲の協力が必要」という判定が出ても、落ち込む必要はない。周囲に協力を求めれば、率直なフィードバックを返してくれる人がたくさんいるはずだ。

◉フィードバックを活用して現実を見つめる力を高める

フィードバックは気づきをもたらす

周囲の人から定期的に継続してフィードバックをもらうと、洞察力が養われる。ときには痛みを伴うことや恥ずかしい思いをすることもある。だが、率直な意見をもらえると、現実を正確にとらえられるようになる。これはアカウンタビリティを持っていくために欠かせない。

現実をありのまま完璧に把握することは誰にもできない。だから、多くの人々の視点をもと

〈現実を見つめる〉セルフチェックテスト

あてはまる欄の数字に○をつけ、合計を出してみよう

	一度もない	たまにある	時々ある	よくある	いつもそうだ
1. 被害者意識の悪循環に陥ったらすぐに気づく。	7	5	3	1	0
2. 他人のアドバイスを受け入れて、自分が抱える問題に役立てようとする。	7	5	3	1	0
3. 成果の妨げとなるミスを自分が犯すこともある、と思っている。	7	5	3	1	0
4. 自分と違う視点を持つ人の意見は積極的に聞きたい。	7	5	3	1	0
5. 物事がスムーズに進まないときは、まず自分の行動（やらなかったことも含む）に目を向ける。誰が邪魔をしているのか、という考え方はしない。	7	5	3	1	0
6. 抱えている問題について理解を深めようと、さまざまな角度からとらえようと努める。	7	5	3	1	0
7. 問題の存在にすぐに気づき、解決しないとどうなるかが見える。	7	5	3	1	0
8. 厄介な問題に直面したら、自分の認識と周囲の認識が同じかどうか確かめる。	7	5	3	1	0
9. 客観的に現実をとらえて〈ライン上〉にのぼろうと、意識的に行動するよう努めている。	7	5	3	1	0
10. 思うように物事が進まないときは、「自分の何が至らなかったか」と真っ先に考える。	7	5	3	1	0

合計　　　　点

〈現実を見つめる〉セルフチェックテスト：判定表

合計	評価
51点以上	現実を見つめる力にかなり問題あり。周囲の協力が必要。今すぐ対処を！
31～50点	現実を見つめるのは難しい、と感じることが多い。フィードバックの求め方を学ぼう（「フィードバックを活用して現実を見つめる力を高める」参照）。身近な人に気合いを入れてもらおう。
10～30点	現実を見つめる力に問題なし。そのまま維持しよう。ひどい目にあわされたと誰かに言いたくなったら、紙に書いて裏庭にでも埋めて、忘れてしまうのが一番！
0～9点	現実を見つめる力が非常に高い。素晴らしい！

に、現実をできるだけ深く理解しようと努める必要があるのだ。

アカウンタビリティの高い人は、同僚や友人、家族、コンサルタントなど、さまざまな人々に絶えずフィードバックを求めている。覚えておいてほしい。自分の視点と同じであるか否かにかかわらず、他人の視点は、常にあなた自身の認識に大切な気づきをもたらしてくれるのだ。さまざまな視点を知るほど、自分が〈ライン下〉にいると気づき、〈ライン上〉にのぼることが容易になる。また、周囲の人を〈ライン上〉へ押し上げられるようにもなる。

フィードバックの大切さを知ってもらうため、ベティ・ビンガムの話を紹介しよう。ある大企業の人事部長を務める彼女は、人事政策の最終確認のため、一時的に支社に出向することになった。ベティは支社の人間から部外者扱いされているように感じていた。そのため、自分に関する良くない評判を耳にしても仕方がないと思っていた。

九ケ月が経ち、彼女が本社に戻るときがきた。ところが、本社から戻ってこなくていいと言われてしまった。おまけに、昇給も一切なかった。ベティは激しいショックを受けた。本社からも支社からも、何の説明もなかったのでわけがわからず、自分が被害者に思えて混乱した。

だが彼女は、自分を哀れむことなく、この九ケ月の間一緒に働いた支社の人々に直接フィードバックを求めた。その結果、支社の人々は彼女の仕事の進め方に憤っていたのだとわかった。

支社の管理職のひとりからは、「周囲の意見を尊重しなかった」「支社や一緒に働くスタッフのことを知ろうとしなかった」「他人の功績を自分の手柄にしようとした」といった意見が返ってきた。

こうしたフィードバックのおかげで、悪評を招いた元凶は自分にあるとベティは悟った。信頼を回復するのは大変だろう。率直なフィードバックを得たベティは、否定的な物の見方を止め、支社と本社の両方のスタッフからの信頼回復に努めた。

嬉しいことに、彼女に正直なフィードバックをくれる人が次第に増え始め、すぐに「ベティは信頼できる頼もしい上司」との評判が聞こえるようになった。

フィードバックをもらう以前のベティは、自分は無力な被害者であり、どうすることもできないと感じていた。周囲が彼女のことをどう見ているか、ということにまったく意識が向いていなかった。そのままの状態にとらわれていたら、彼女は間違いなく会社を去っていただろう。だがフィードバックのおかげで、現実がよりいっそうクリアになった。その結果、自分の窮状は自分の力で変えられると思えるようになった。つまり、彼女は〈ライン上〉にのぼったのだ。

フィードバックの求め方

自分の働きに対する周囲の評価に心外だと感じるものが多いなら、ベティと同じように自分からフィードバックを求めてはどうだろう。その際、上司だけでなく、信頼のおける人や尊敬する人にも尋ねるといい。

上司の評価は不当だと家で文句を言うのは楽だろう。なぜそんな評価が下されたのかわからない、との相談は、家族にはしづらいものだ。だが、フィードバックは適切に求めないと意味がない。自分に好ましいことしか耳に入らない恐れが多分にある。正直な意見を得るには、次の五つに気をつけるといい。

①フィードバックを求める場所は、邪魔の入らない落ち着いた静かな場所が望ましい。
②フィードバックを求める相手に、正直に答えてほしいと告げる。その際、意見を聞きたいと思った動機を説明し、率直な意見がほしいという気持ちを真摯に伝える。
③フィードバックは大事な視点をもたらしてくれるものである。たとえまったく相容れない意見だと思っても、過剰に反応しない。
④じっくりとフィードバックに耳を傾け、詳しく尋ねるのはいいが、自分と意見が違うからといって軽率に反論しない。
⑤フィードバックをくれた相手に、感謝の意を表す。

これで、自分自身の〈ライン上〉の行為、〈ライン下〉の行為について十分に分析できたはずだ。

次は、現実に向き合う勇気を出したときにもたらされる効果について考えてみたい。

◉〈現実を見つめる〉ことの効果

本章の最初で述べたように、アカウンタビリティが高いと自負する人でも、被害者意識の悪循環に陥ってしまうことがある。筆者もつい先日、大切なクライアントとのやりとりのなかで陥ってしまった。クライアントのプライバシーに配慮して、ここではＤＡＬＣＡＰという仮名を使わせてもらう。

筆者の会社パートナーズ・イン・リーダーシップは、どのクライアントにも満足してもらえる顧客サービスを提供するよう常に心がけている。ところが、ＤＡＬＣＡＰに六ケ月間のコンサルティングサービスを提供していたとき、一部の経営陣の目に、筆者の顧客サービスが〈ライン下〉の行為として映ってしまった。

ＤＡＬＣＡＰは非常に要求の厳しいクライアントだが、何度となくその要求をクリアしてきたつもりだった。だが、先方は筆者になかなか連絡がつかないことを不満に思っているようだった。筆者もそうと知りながら、気づかないふりをしていた。

役員のひとりであるバーバラ・コワルから、会うたびに、「○○のときに連絡がとれなかった」と例を挙げては文句を言われたのだが、正直いって当惑していた。

「この会社に並々ならぬ貢献をしてきたというのに、どうしてそんな苦情が言えるのだ？」という気持ちだった。

何をやってもこのクライアントを満足させることはできないのだと自分に言い聞かせ、相手の期待が間違っていると結論づけて自分を納得させた。だが、それから何度もクライアントと話し合いを重ねるうちに、ようやく筆者は気づいた。ＤＡＬＣＡＰとの関係を維持していくには、相手の期待を満たしていなかったと自分で認めなければならないことに。

いつもコンサルティングで強調して伝えているように、自分も〈ライン上〉にのぼって現実を見つめなければならない。その第一歩として、筆者はＤＡＬＣＡＰの経営陣に次のようなメッセージを送った。

宛　先：ＤＡＬＣＡＰ　経営管理の皆様
差出人：パートナーズ・イン・リーダーシップ
件　名：今後のご対応について

今朝、弊社の提案についてバーバラ・コワル様に確認したところ、このまま進めて問題ないとのお言葉をいただきました。弊社に変わらぬ信頼を寄せていただき、心から感謝申し上げます。

また、打ち合わせの中で、弊社の連絡体制が十分でないと感じている方が何名かいらっしゃる、とのフィードバックをいただきました。弊社の顧客サービスに対する姿勢にご満足いただけていないのではないかと、非常に気がかりです。

弊社としましては、責務を全うするためにはいかなる手段も選ばない所存です。ご意見をいただくことで弊社は成長し、ひいては御社へより良いサポートを提供することができます。ここで約束いたします。パートナーズ・イン・リーダーシップは、連絡体制の整った企業となります。

御社の認識を変えていただくのは容易なことではないと存じますが、次のような取り組みを実施することにいたしました。

1　契約期間中、バーバラ・コワル様に毎週電話にて状況を確認し、御社スタッフとの打ち合わせの有無を取り決めます。

2　弊社担当が出張中の場合、折り返しのご連絡が遅れる可能性がありますが、遅くとも連絡をいただいた当日の夕方までにはお返事を差し上げます。

3　緊急時には、弊社オフィス（XXX）XXX—XXXXまでお電話願います。至急連絡がとりたいとお申しつけください。オフィススタッフから担当者に緊急連絡を入れ、四時間以内に折り返しご連絡いたします。

弊社の連絡体制に疑問がございましたら、ただちにその旨お知らせください。弊社の責務を果たすには、御社からのフィードバックが欠かせません。

これからも、より良い関係を築き、共に成長できますことを心より願っております。

パートナーズ・イン・リーダーシップ

特別な対応というほどのものでもないが、クライアントのフィードバックを受け止め、彼らの不満を認識し、彼らの求めに応じた対策をすると伝えることができた。このメッセージを送ってから一ヶ月もたたないうちに、ＤＡＬＣＡＰと長期契約を結ぶこととなった。以前の契約よりもずっと大きな仕事だ。

クライアントの認識がおかしいと思い込んでいるほうが、楽だったに違いない。だがそれでは、長期契約を結ぶというメリットは発生しなかっただろう。クライアントが不満を抱いていることを現実として受け入れたことで、自分たちの「間違い」が明らかになるというリスクを負った。だが、不満を何とかしようと思わない限り、〈ライン上〉にのぼることも、相手の認識を変えてもらうこともできないのだ。

◉次のステップは……

『オズの魔法使い』のライオンは、アカウンタビリティのひとつ目の要素〈現実を見つめる〉勇気を持つことの象徴である。

ドロシーが「カンザスへ戻るには、自分で自分の置かれた状況を乗り越えなければならない」と悟るには、アカウンタビリティの四つの要素すべてを理解する必要があった。イエロー・ブリック・ロードの旅を通じて、彼女は仲間たち一人ひとりの個性を愛し、慈しむようになっていった。最後には、彼らと共に学んだことを生かして「何もできない」という気持ちを乗り越え、〈ライン上〉にのぼって望む結果を手に入れた。

次章では、ハートを象徴するブリキの木こりがどのように〈当事者意識を持つ〉ようになるかを見ていく。読み進めていくうちに、あなた自身が当事者意識を持つにはどうすればいいか見えてくるはずだ。旅の終わりで望む結果を得るには、オズの仲間たちが身につけたことすべてが必要になるのだと、心に留めておいてもらいたい。

第5章

「当事者意識を持つ」ためのハートを手に入れる
――ブリキの木こりのように

「あなたがたが通りかからなかったら、私はずっとここに立ちどおしでした」と、ブリキの木こりは言いました。「いや、本当に助かりました。ところで、どうしてこんなところに？」

「エメラルド・シティに行く途中なの。オズの魔法使いに会いに」ドロシーは言いました。「それで、あなたの小屋で夜をあかしたの」

「どうしてオズに会いに行くのですか？」木こりが尋ねます。

「カンザスに帰してもらうためよ。かかしは脳みそを入れてもらいたいの」ドロシーは答えました。

ブリキの木こりはしばし考え込むと、こう言いました。「私にも、ハートを授けてもらえるでしょうか？」

「きっとくれると思うわ」

◉〈当事者意識〉が業績を伸ばす

もう手がつけられない――アラリス・メディカル・システムズのデーヴ・シュロッターベックCEOはそう感じていた。組織を機能させようと必死にがんばったが、うまくいかない。

アラリスは、世界各地に支社を持つ、売上高五億ドル、総従業員数二九〇〇の大企業で、医療機器メーカーのIVACとIMEDが合併して誕生した。この合併で大きく飛躍するはずだったのだが、莫大な負債も相まって、期待をはるかに下回る業績に甘んじていた。

特に問題だったのが、使い捨て製品部門だった。製品の品質安定度が八八パーセント、つまり、製品全体の八八パーセントしか出荷基準を満たしていないのだ。受注から二四時間以内の出荷を掲げていたが、それも八〇パーセントしか満たしていなかった。おまけに、機器の在庫を九〇〇〇、スペアパーツの在庫を五〇〇〇〇も抱えていた。

アラリスとなって三年、基幹事業もそうでない事業も、目標実績に到達することは一度もなかった。シュロッターベックはさまざまな政策を試みたが、何ひとつ変わらなかった。その苛立ちを彼は次のように語った。

「目標実績の達成は、個人的に特に気にかけていた問題だった。一番注意を向けたと言ってもいい。私なりに対策を講じたが、まったく効果はなかった」

それが、社内のグループごとに〈オズの原則〉を取り入れて、当事者意識とアカウンタビリティの大切さを強調すると、次第に皆の働き方が変わっていった。特に使い捨て製品部門の変貌振りは目を見張るものがあった。〈オズの原則〉を取り入れてから二年で、品質の安定度は九七パーセント、二四時間以内の出荷は九九・八パーセントに大きく改善した。使い捨て製品部門に限らず、どの部門も成果があがるようになっていた。

あれだけ苦しい状況に陥っていたアラリスが、そのほとんどの部門において、とうとう月間目標を上回った。合併後初となるこの成果を受けて、同社の株価は九〇〇パーセントという桁外れの上昇を見せた。この功績のおかげで、アラリスはマネー・マガジン誌の「二〇〇三年全米株価ベストパフォーマー」に選ばれた。

こうして目覚ましい業績をあげていくうちに、在庫も半分に減った。シュロッターベックCEOは、当事者意識やアカウンタビリティ、業績の変化について、次のように評価していた。「社員全員が置かれている状況を自分のことだと認識し、各自で自発的に目標を設定して改善に努めた。それはひとえに、アカウンタビリティが高まったことでチームワークを重視する空気が生まれ、変えなければならないことを互いに意見し合ったおかげだ」

アラリスが行き詰まりから脱したのは、社員が一丸となって懸命に努力したからである。問題を認識し、自分なりの取り組み方を模索するようになると、問題に直面しているという事実や挫折感を口にするようになる。それは当事者意識が芽生えた証拠だ。**どんな状況であっても、現実に向き合ったら、それを自分のこととして受け止めねばならない。「難しい状況を招いたのは自分のこれまでの行為」と認めてこそ、明るい未来が切り開けるのである。**

◉時代の変化が当事者意識を失わせた

現代社会には、自分の状況を自分のものとして受け止める「ハート」を失った人があまりにも多い。そのせいで、組織の在り方や競争の形が根底から崩れつつある。それにより、現代の仕事事情に気がかりな問題が生じていると、二〇〇一年六月のタイム誌が報じていた。

「仕事」という言葉の持つ意味は以前とはまったく違ったものになった。会社はいくらでも取り替えのきくものになり、労働者も使い捨てになった。

ニューエコノミーにおいては、地理的な位置というものはほとんど意味を持たない。かつてのハイウェイは、電子のハイウェイに代わった。ウォール街でさえ、ウォール街に存在する理由はどこにもなくなった。会社は単なる「概念」になり、具体的な形を持たないものになったが、すると不思議なことに、良心というものが失われていった。たとえ職があっても、すぐに空気中に放出されてどこかに行ってしまう電子のように、不安定で頼りないものになってしまった。

米国経済に関しては、どう理解すればいいのか戸惑うニュースが増えた。見方によって良いニュースにも悪いニュースにも見えるのだ。たとえば、バンク・オブ・アメリカは、ここ二年、記録的な利益をあげているが、一方で最近、従業員を数千人単位で、ほとんど保障のない非正規雇用に変えるという発表をした。統計的には、経済が回復していることを示す数字もあるのだが、その裏で、痛みに苦しむ人もいるのだ。

これとよく似たテーマを扱った「使い捨て労働者」というタイトルの記事では、派遣労働者への依存を高める米国の労働事情の変化を、社員から忠誠心と責任感を奪っている一因としてとらえている。

今の米国最大の民間企業（一九九三年当時）には、煙突もベルトコンベアーもトラックもない。金属のぶつかり合う音もしなければ、機械部品もプラスチックも鉄鋼も見当たらない。ある意味、この企業は何も生産しない。とはいえ、ほぼ何でも生み出す事業とも言える。それが、世界最大の派遣労働事業主のマンパワー社（ウィスコンシン州ミルウォーキー）である。登録している労働者の数は五六万人。毎朝ここの登録者が、日雇い仕事を求めて米国中のオフィスや工場に散っていく。

フォーチュン五〇〇に名を連ねる巨大企業が、社員数を減らして必死で「スリム化」を図るかたわら、それでも目標達成にはやはり欠かせない肉体や頭脳をマンパワー社が提供する。アメリカはフリーランス経済という新たな時代に突入した。

パートタイマーや派遣社員、インディペンデントコントラクター（業務単位で契約を結ぶ個人事業主）の数が増え、従来の正社員が減りつつある。この記事によれば、「彼らの増加スピードはあまりにも速く、この一〇年で終身雇用社員の数を上回る勢い」だという。

この風潮は、利益の面では有利に作用するかもしれないが、職場の人間関係が希薄になり、製品の質の低下や顧客満足に対する誇りの欠落という代償が伴う。派遣社員は、正社員と同じように長期的に業務のことを考えるだろうか？　契約書で定められた業務以上の働きをしてでも結果を出そうとするだろうか？　結果を出せなかった言い訳に、契約書の記載を盾にとりはしないだろうか？　手を「借りたい」が、仕事に対して「当事者意識も持ってほしい」と言われたら、横暴だと感じるのではないだろうか？　彼らのためにも、後者であってほしくないと願う。

一生のうちには、仕事内容や職種が変わることはあるだろう。だがどんな仕事であっても、被害者意識を感じて責任を拒否するようなことをすれば、自分が満足できるほどの成功や達成感は決して得られない。

フリーランス経済では、馴染みのない組織で一週間派遣社員を務める、数年かけてキャリアアップを図る、生涯自営業でいるなど、さまざまな働き方が存在する。そんな社会でこそ、自分の状況を自分のこととしてとらえる力がいっそう重要になる。これは、世界のどこで働こうと、どんな働き方をしようと、共通して言えることである。

フォーチュン誌の「最も称賛される企業特集」では、そうした企業の共通項として社員の熱意を取り上げ、「最も称賛される企業は、社員の扱いがひときわ素晴らしい。それが彼らの成功要素のひとつであり、かつ、成功の恩恵なのである」と記している。

社員の熱意には、当事者意識とアカウンタビリティも含まれる。リーバイ・ストラウスのロバート・ハースCEO（当時）は、社員の会社に対する愛着度と満足度が安定したビジネスの基盤になると考える。

彼曰く、「自分は会社の顔だと、社員全員が感じる環境をつくる必要がある。会社が目指すものを理解し、すべての活動にベストを求める社員でなければ、会社はつまずく」のである。

そして、リーバイ・ストラウスの社員が持つ当事者意識の例として、ある取り組みが載っていた。

リーバイスの工場では、何百万トンと生じるデニムの端切れを埋め立て処理で処分していた。それを深刻な問題と受け止めた工場作業員たちは、埋め立て地の地元の実業家を巻き込んで、端切れの一部をリサイクルする方法を探した。そしてリサイクル案を作成して本社に提案し、承認を勝ち取った。

同社のオフィスで使用する文房具がすべて青いのは、リサイクルのデニムが混じっているからである。そうした努力によって、一八パーセントの経費削減に成功し、埋め立て地に多少の余裕が生まれた。これこそが、当事者意識である！

⦿〈当事者意識を持つ〉ことができない原因

当事者意識を持てない人には、自分の置かれた状況を自分の責任として受け入れられない人が多い。

「すべての物事には裏がある」という古い格言は、概して事実である。被害者は片方の面しか見ようとしない。それも、自分がそんな状況を招いたわけではないと思える面を。

厄介な事態にぶつかると、やる気を失い、責任逃れしたくなるものだ。だが、被害者の視点だけを見ていると、もうひとつの視点――今直面している状況を生み出した一因は自分にあると教えてくれる視点――が目に入らなくなり、自分に責任があると示唆する証拠をすべて除外してしまいがちになる。

当事者意識を確立するには、自分のやったこと、やらなかったことを踏まえて、事態の裏表を見つめるハートが必要である。つまり、被害者としての視点から、自分の責任という視点に変えて事態を見つめるのだ。

責任の観点から事実を見つめるといっても、被害を受けた事実を打ち消したり無視するという意味ではない。見過ごしていた点がなかったか振り返り、全体像をつかむという意味である。ウォール・ストリート・ジャーナル紙に掲載された住宅ローン詐欺の実態についても見てみよう。

住宅ローンの引き受け先が変更になったとの手紙を受け取っても、小切手を送る前に事実かどうか確認したほうがいい。詐欺の可能性がある。これは、テキサス州の住宅所有者に実際に起こった話である。

彼らの下に、モーゲージ・バンカーズ・オブ・アメリカと名乗る企業から、「住宅ローンの引き受け先が変更になりました」との通知が届いた。それには、今後の返済はヒューストンの私書箱宛てに送るようにと記されていた。モーゲージ・バンカーズは全米で五番目に大きい住宅金融企業とあるが、捜査当局によるとそんな企業は存在しないという。

訴訟を起こした住宅ローン会社の代理人であるロバート・プラット弁護士は、「そんな要請にだまされるべきでない」と言うが、同じようなことはざらにある。〈ライン上〉の住人なら、自分で事実を調べるだろう。だが〈ライン下〉の住人は食い物にされる。前者は自分のことは自分で責任を持とうとするのに対し、後者は自ら被害者になろうとしているのも同然だ。

移ろいやすく複雑さを増すばかりの世の中となり、自分の力で幸せになることは難しいと感じている人が増えているようだ。

『オズの魔法使い』でドロシーが願いをかなえてもらいにエメラルド・シティを目指したように、誰かに魔法で自分の問題を解決してもらいたい、と願っている人は多い。こういう考えの人は、自分が幸せでないことを境遇のせいにしがちである。自分の置かれている厄介な状況は、自分ではどうすることもできないと信じきっているのだ。全体像を把握して当事者意識を持つことをせず、自分には状況を修正する力がないと思い込む。状況を変えようとすることなく、流されるままになる。

この情報化社会の現代において、人生をコントロールできないと感じる人が大勢いるのは何とも皮肉に思える。コミュニケーション革命も彼らには何の役にも立たなかった。むしろ、周囲との関わりが薄れ、孤独感を深めるのに一役買ったと言える。

おかげで、世の中は恐ろしいまでの被害者社会となりつつある。さまざまな情報を見聞きしては、力が湧くどころか無力感に打ちひしがれる人が世界中にあふれている。こんな風潮にあっては、自分の行動がもたらすことに当事者意識を持ちたくない、と思う人が大勢いても不思議ではない。

傍観者になっていては当事者にはなれない。「自分の人生」の傍観者を決め込んでは、観覧席で野球やフットボールの試合を見るのと同じで、人生を切り開く権利を放棄することになる。

その鬱々とした倦怠感を解消するには、観覧席からグラウンドに飛び降りるしかない。どんな事情があろうと自分の置かれている状況を包括的にとらえ、当事者としての責任を引き受けることが、グラウンドへの大きな一歩である。この一歩を踏み出さない限り、悲惨な事態がついて回る。

◉〈当事者意識を持つ〉ことができないとどうなるか

自分が直面する状況に当事者意識を持つとは、一体どういうことか。それは、起きたことと、その状況を引き起こした要因との関連性をすべて把握することである。

当事者意識とは、現状と自分の行いとの関連性を見いだす力であり、自分の行動で自分の未来を切り開く力である。自分の置かれた状況と自分の行動に関連性が見いだせないと、当事者意識を持つことも、解決策を見いだすこともできない。

古い格言に「問題解決に貢献しないなら、問題の一部も同然」というものがある。さしずめ当事者意識の大切さをこの格言に当てはめるなら、「問題の一因が自分にあると思わないなら、解決できない」という具合になるだろう。

自分の置かれた状況を一〇〇パーセント自分のこととして受け入れない限り、現状の苦しみから逃れることはできないし、将来的にも苦しむことになる。蓋をしておきたい事実から目をそらさず、手遅れになる前に素直に受け入れようとすることが、当事者意識を持つうえで不可欠なのである。

全米最大規模を誇る壁材企業のブラドコ社（カリフォルニア）は、当事者意識を持って困難を乗り越えた企業のひとつだ。あるビル建設事業において、実際にかかるコストが見積もり額を大幅に上回りそうになったことがあった。コスト対予算の差がどんどん開けば、プロジェクトが終わるころの損失は計り知れないものになる。

すぐさま見積もり担当のひとりが、自分のプライベートの時間を削って、計画と予算の何がおかしいのか調査に取りかかった。その職務が割り当てられたわけでも、誰かに責められたわけでもないが、彼はその問題を自分のこととして受け止め、自分の時間を削って書類をチェックし、原因究明に努めた。

無事に原因は突き止められたのだが、残念なことにその原因は彼自身にあった。見積もり計画書に記載のある壁をひとつ、本計画書に写し忘れていたのだ。それも、一八階分すべてに記載し忘れている。

彼は解雇を覚悟して、この事実を上層部に報告した。ところが、解雇通知をもらうどころか、称賛を受けた。原因究明に尽力し、自分に不利になるとわかっていながら事実を報告してくれたことに、経営陣は心を打たれた。

このアカウンタビリティの高い見積もり担当者が早期に原因を特定したおかげで、ブラドコは当初のスケジュールを変更することなく予算を修正できた。この出来事からしばらくのあいだ、彼の話は当事者意識を持つ例として語り継がれた。

株主、取引先、従業員が、会社の成果を上げることに対して当事者意識を持つ風土をつくるには、まずは自分自身の当事者意識力をチェックし、意識を高める方法を知ることが必要である。

◉〈当事者意識を持つ〉――セルフチェックテスト

これまでにも述べてきたように、自分が関わる状況に当事者意識を持つには、被害者の視点とアカウンタビリティを持った人の視点の両方から物事を見る必要がある。

よって、まずは、被害を受けた・利用されたと感じたとき、あるいは〈ライン下〉で惨めに暮らす自分自身に気づいたときのことを振り返ってみよう。最近の話でなくても、過去の出来事でもよい。職場や家庭、友人との付き合いなど、どんな場面でも構わない。

振り返る出来事が決まったら、**セルフチェックテスト1**に、被害を受けた（利用された）と感じた点を書き連ねていく。自分は悪くない、と誰かに話すつもりで書くといい。

たいていの人は、被害を受けた、あるいは利用されたという事実にばかり目を向け、事態を動かすことができたであろう自分の責任については無視する。そこで、**セルフチェックテスト2**では、アカウンタビリティを持った人の視点から、その出来事に対して自分にも責任があったであろう事実を詳しく書いてみよう。書くにあたり、以下の五つの質問を用意した。

①「相手」の言い分として最も納得できそうなポイントを挙げるとしたら？
②似たような状況で自分と同じ過ちをしないよう、誰かに警告するとしたら？
③見ないふりをした事実は？
④補足すべき事実は？
⑤また同じ状況に直面したら、今度はどんな行動をとる？

〈当事者意識を持つ〉セルフチェックテスト１
その出来事に関して、どんな点で被害を受けたのか？

1.
2.
3.
4.
5.
6.
7.
8.
9.
10.

〈当事者意識を持つ〉セルフチェックテスト２

セルフチェック１で記した出来事に関して、
自分にも責任があったかもしれない点

1. 点数

2. 点数

3. 点数

4. 点数

5. 点数

6. 点数

7. 点数

8. 点数

9. 点数

10. 点数

この五つの質問を参考にしながら、自分にも責任があったかもしれない点を最低四つは記入してもらいたい。

記入を終えたら、各項目に対して自分が感じる責任の程度を、1から10で点数をつけよう。1を「まったく責任を感じない」とし、責任を感じる気持ちが大きいほど数字も大きくなる。10を「自分の責任だと心から思う」とする。

次に、出した点数を合計し、項目の数で割る。そうして求めた数字があなたの当事者意識となる。一五七ページの判定表を使って、あなたの当事者意識度を確認しよう。

点数が低いほど当事者意識も低いわけだが、それは、一方的に被害を受けたことの表れかもしれない。ただ、たとえ一方的に被害を受けたのであっても、被害者意識の悪循環にとらわれたままではいけない。

決して「何かのせいで自分が〈ライン下〉に留まる」という事態を許してはならない。**どんなにつらくても、自分の行為が何らかの形でその状況を招いたと認め、自らの手で状況を改善しようと努めることが、真の責任＝アカウンタビリティである。**

しかしながら、何とかしたかったがどうすることもかなわなかった、という話も毎日のように耳にする。凶悪犯罪の被害に遭った、自然災害に見舞われた、不景気を理由に解雇されて次の職が見つからない、などという人々は、自分の力ではどうにもならない事態の被害者だ。だ

〈当事者意識を持つ〉セルフチェックテスト：判定表

8～10点	自分の責任に向き合い、当事者意識を持っている。
5～7点	一部の状況にしか当事者意識を持っていない。または当事者意識を持つべきか迷っている。
1～4点	〈ライン下〉に留まっていると思われる。自分の責任に向き合うことも当事者意識を持つこともできていない。もしくはそうする意志がない。

が、それでも、自分の責任においてそこから先へ進もうとしない限り、幸せな方向へは行けないのではないだろうか。

フロリダ州に暮らすある夫婦の家が、台風で倒壊した。家財道具も荷物もすべて失って途方にくれたが、二人は元気をとり戻そうと、家を建て直すあいだ、ハワイのカウアイ島の別荘で過ごすことにした。

ところが、カウアイ島についで間もなく、ハワイ諸島がハリケーンに見舞われ、別荘まで破壊されてしまう。災害で家を二度失うという事態に激しいショックを受け、深い悲しみとやるせなさを覚えたが、それでも二人は、人生を台無しにされたわけではない、と自分に言い聞かせた。どちらもハリケーンの被害に遭いやすい地域だという事実を認識し、別の場所にまた家を建てられる日がくる、と前向きに信じた。

こうして二人は、二度の災害に見舞われた後も、自分を見失うことなく事態を乗り越えた。この夫婦の話はぜひ教訓にしてもらいたい。

事態を自分のこととして引き受けると、被害者意識からくる無力感を克服する強さが生まれる。そして、より充実した人生に向かって進んでいける。

◉次のステップは……

オズの世界に暮らすブリキの木こりは、自分の状況を自分のこととしてとらえるための「ハート」を求めた。そんな彼は、〈当事者意識を持つ〉という、アカウンタビリティの二番目の要素の象徴であり、「答えは自分の中にある」とドロシーに気づかせる役割も果たしているということにも注目したい。

次の章では、かかしが求めた「知恵」を身につけて、〈解決策を見いだす〉方法を紹介する。〈現実を見つめる〉ことと〈当事者意識を持つ〉ことを、〈解決策を見いだす〉態度とどう連携させて障害を克服すればいいか、次章でじっくり見ていきたい。

第6章

「解決策を見いだす」ための知恵を手に入れる――かかしのように

「君は誰？」伸びをしたかと思うと、かかしがあくびをしながらドロシーに声をかけました。「どこへ行くんだい？」

「私はドロシー。エメラルド・シティへ行くところなの。私をカンザスへ帰してくださいってオズの魔法使いに頼みに」

「エメラルド・シティはどこにあるの？」とかかしが尋ねます。「それに、オズって誰？」

「まあ、知らないの？」ドロシーは驚いた声で尋ね返しました。

「うん、知らないいんだ。僕は何にも知らない。ほら、僕の体はわらでできているだろ。だから脳みそがないいんだ」かかしは悲しげに答えました。

「まあ。それはお気の毒に」

「ねえ、エメラルド・シティに行けば、オズの魔法使いは僕に脳みそをくれると思う？」

「どうかしら」ドロシーにはわかりません。「でも、来たいなら一緒に来てもいいわよ。たとえ脳みそをもらえなくても、今より悪くなることはないでしょ？」

⦿「他に何ができるか？」と自分に問いかける

解決策を見いだそうとする姿勢は、**「他に何ができるか？」**と自問することから生まれる。これを常に自分に厳しく問いかけていれば、何か問題が発生しても、立ち往生したり被害者意識の悪循環に陥ったりせずに済む。難題の解決策は身近に転がってはいないので、必死に探さねばならない。

ただ、探すと同時に、自分が〈ライン下〉の態度をとっていないか気を配る必要もある。というのも、〈ライン下〉に留まっていては、感覚が鈍るばかりで解決策のインスピレーションがわかないからだ。

何度も言うように、〈ライン上〉にのぼってもそのままキープできるとは限らない。結果への道のりには妨害や障害が付き物であり、どんなにアカウンタビリティの高い人であっても簡単に〈ライン下〉に追いやられてしまう。それだけに、「現状を打破して求める結果を手にするために、他に何ができるか？」という根本的な問いかけを、決して怠ってはならない。

無気力な社員をどう変えるか？

ハーバード・ビジネス・レビュー誌に「権限を委譲せずしてどうする？」という記事が載っ

ていた。それには、会社経営者で著作もあるロバート・フレイが、どうやって自分の企業を〈ライン上〉にあげて解決策を見いだせるようになったかが記されている。

フレイの戦いは、彼が共同経営者と共にオハイオ州シンシナティにあるシンメイド社を買収したことから始まった。シンメイド社は、一九〇二年に設立された、複合素材容器（胴体は丈夫な紙製で、上下部分は金属の容器）と郵送用の紙筒を製造する小さな会社なのだが、多くの問題を抱えていた。

ろくに労働条件の交渉もないので賃金は最低、活気のない生産ラインは二〇年も前のままで設備も古い。それらが相まって、もともとの利益も売上のわずか二パーセントだったのに、それがゼロに近づいていった。すぐに手を打たないと、倒産する状態だ。

シンメイド社の新社長となったフレイにとって、「採算性を上げるには被害者意識の悪循環を断ち切らねばならない」のは明らかだった。無気力な社員を、問題解決に率先して取り組む人材に変えねばならない。

板金作業員だったオシリア・ウィリアムズは当時のことをこう振り返る。

「シンメイド社に入ったばかりのころは、とても仕事をする環境とは言えませんでした。一時間ごとに一〇分の休憩があり、勝手に持ち場から離れてトイレに行ったりお菓子を食べに行ったりしていましたから」

現実を見つめることも当事者意識を持つこともない人々の集まりだった。会社における自分の役割や、仕事のやり方を変える必要性について考える者は誰もいなかったのである。

会社を〈ライン上〉にあげて問題解決に取り組むべく、フレイはただちに必要な改革に取りかかった。労働組合と何度も交渉を重ねた末、ようやく社員が会社の悲惨な現状を認識し始めた。会社の業績内容を話したことで、社員の間にフレイに対する信頼が生まれた。以前の経営陣からは、そうした情報を一切聞かされたことがなかったのだ。

会社を救えるのは社員自身だけだ

フレイは着実に改革を進めていったが、当事者意識と問題解決の意識を持たせることは困難を極めた。会社を窮地から救えるのは彼ら自身、ということがどうしても理解してもらえなかった。フレイはこう語る。

「私は、彼らに会社のことを心配するようになってもらいたかった。休みの日に一瞬でも仕事のことが頭をよぎったり、前の週の決定は正しかったかどうか不安を感じたり、という具合に。そこまでは求めすぎかもしれない。でも、それぐらい会社に深く関わってもらいたかった。

最悪のスタートを切ったものの、次第に、私や新たに雇ったマネジャーたちよりも、社員のほうがこの会社や業務内容を理解していると気づいた。翌日や翌週や一ヶ月後の生産計画を立てるのも彼らのほうがうまかったし、原料や作業量、生産で問題が生じてもすぐに対処できる。それに、コスト削減を一番実施できるのは工場で働く彼らなのだ。

ただ、どうすれば彼らにその事実をわかってもらえるのか……」

会社が〈ライン上〉に近づくにつれ、社員の意識も変わり始めた。自分の役割に対し、責任を感じるようになってきた。ここまでくるのは決して簡単ではなかった、とフレイは言う。

「どんな内容でも、変化には恐怖や怒り、不安といった気持ちがつきまとい、どうしても、古い習慣や保守的な考え方、既得権との戦いになる。社員の気持ちや考え方が変わらない限り、会社は変われない」

彼らの心をつかむため、彼らに自然と〈解決策を見いだす〉姿勢を身につけてもらうため、フレイは大胆な利益分配計画を立て、結果を出しただけ社員も利益を得るという方式を定着させた。

シンメイド社では、マネジャーが社員に指示を出すのが当たり前だった。そして、社員もそうした扱われ方に満足していた。そのことに気づいたフレイはこう語る。

「マネジャーが命令し、社員は指示通りに動く——これが当社のマネジャーの意識だった。問題は、ほとんどの社員がそれで満足していたということだ。もちろん彼らはもっと給料がほしい。でも、これまでやってきた仕事以上のことに責任を持ちたくない、というのが彼らの本音だった」

こんな姿勢で仕事に臨んでいては、会社に不満を漏らすだけで、何とかしようと行動に出ることはない。自分には無関係だと思っているのに、何とかしようと思うわけがない。このままの状態が続けば、シンメイド社はいずれ崩壊する……。

フレイはさらにこう続ける。

「新しい機械を使わせるようにするだけでも大変なのに、私は業務内容や作業慣行も変えさせようとした。彼ら自身も会社も、変わる必要があるとわかってもらいたかった。だが社員から、『何も変えたくないし、変化に対応できるほど若くもない。そもそも、頭を使うためにここで働いているのではない』と、はっきりと態度で示された」

社員からやる気を引き出す努力を積み重ねる

実際彼は、労働組合の代表者から、責任を負うべきは「非組合員（管理職）」だと言われた。だがそれを聞いた社員のオシリアは、「何かおかしい」と感じた。彼女はこう話す。

「自分は組合員として間違っているのかと悩みました。でも、会社が破産したら、自分たちや今の仕事を守ることができなくなります。それに、一人ひとりが責任を引き受けないで会社がうまくいくはずがない、とも思いました。でも、そんなふうに考えるのはとんでもないことだ、とほとんどの社員が思っていたのです」

フレイは、「口では反対しながらも、彼らの中に、新たに責任を引き受けたい気持ちが私以上に芽生えたと思う」と言う。「彼らはこれほど責任を求められるとは夢にも思っていなかった。

だがその一方で、意見を求められない扱われ方にも不満を抱えていた」

〈解決策を見いだす〉姿勢を身につけさせるのは、一筋縄ではいかなかった、とフレイは言う。「彼らと面談する機会をつくって、指示を出すのではなく意見を求めた。『この作業の無駄を省くにはどうすればいい？』とか、『この注文にかかる残業分はどうやって割り振ればいい？』という具合に。彼らはたいてい、『それは自分の仕事ではない』と答えた。社員が参加せずして、どうやって参加型経営ができるんだ、と言っても、『わかりません。それも私の仕事ではありません。それを考えるのがあなたの仕事でしょう』と返してくる。これを言われて私はよく怒ったね。最初のうちは、『私の仕事ではない』という言葉を聞くたびに怒鳴っていたよ」

彼らのやる気を引き起こし、解決策を見いだす姿勢は、余分な活動ではなく仕事の一部だとわかってもらう努力をひたすら重ねていった結果、フレイはついに手応えを感じるようになった。「少しずつ、問題解決とコスト管理にアカウンタビリティを示すようになってきた。とにかく、自分の仕事に関係のある問題については協力するようにと、繰り返し言い続けた。自分が馬鹿みたいに思えるときもあった。でも、私たち経営陣が頭を抱えていた問題を簡単に解決する方法を社員たちが見つけてくれたときには、馬鹿になってよかったと思えた」

〈ライン上〉へと向かいながら〈解決策を見いだす〉ステップをクリアしたシンメイド社は、今や繁栄への道をまっすぐに歩んでいる。生産ラインは様変わりし、「厳しい要求にも応じて、大きな利益を生むようになった」とフレイは言う。

納品期日も九八パーセントの確率で厳守するようになり、誰も欠勤しなくなった。フルタイムの社員がパート従業員を監視して無駄を減らすようになり、生産性は三〇パーセント上がった。不満の声も減り、「自分の仕事ではない」という台詞は過去のものとなった。そして、シンメイド社の社員が受け取る給料は、業界水準よりも高くなった。

シンメイド社の例でわかるように、〈解決策を見いだす〉には、「他に何ができるか？」と常に問いつづける姿勢が必要である。立ち上げたばかりの会社も、経営不振の会社も、〈ライン上〉へ向かいながら解決策を見いだす姿勢を取り入れることが、健全な優良企業になるための一番の近道だろう。

目標を達成するために、他に何ができるか？

ペットフードのネスレピュリナ・ペットケア社もまた、〈解決策を見いだす〉姿勢を取り入れて成功を収めた企業である。

ピュリナ社は二〇〇三年の春に、プルトップ缶のドッグフード「アルポ」を発売する計画を立てた。だが、事前の市場テストで高評価を得たため、同社のマーケティング部門は発売時期を早めるべきだと判断した。そこで、〈オズの原則〉が提唱する「目標を達成するために、他に何ができるか？」との問いを念頭に、アルポ缶チームは作業に取り組んだ。

三ケ所の工場の生産体制を調整し、複数の部署の協力を取り付けて、何と発売時期を一年以上早めることに成功した。この並々ならぬ努力が認められ、アルポ缶チームに最優秀功労賞が贈られた。

同社マーケティングマネジャーのクリスティン・ポンティアスは、アルポ缶発売に関わった全員に向けて、こんな感謝の手紙を送った。

「どうしてもアルポ缶チームの皆さんにおめでとう、と一言伝えたくて。今週の火曜日、パット・マクギニスＣＥＯから最優秀功労賞が贈られましたね。当然です。驚くほどのペースで作業を進めて目標を達成したのですから。アルポ缶の出荷は、当初の計画よりも一年と一週間早く始めることができます。さすがに一年早めるのは無理だろうとの見通しだったにもかかわらず、見通しを上回る結果を出してくださいました。

早めるにあたって、特殊な蓋の設計や量産体制の確立に加えて、機械が届くまでは手作業で缶の向きを揃えねばならない、などの難題がいくつもありました。おまけに、品質を維持し、会社の流通システムに変更をきたさないようにとの要求もありました。それでも、こうした障害をすべてクリアしたうえで期待を上回る形で目標を達成できたのは、チームの皆さんの熱心な働きのおかげです」

アルポ缶を生産する三つの工場は、同社の生産ラインのモデルとなった。

次々に現れる障害を乗り越える

第2章に登場したマイク・イーグルを覚えているだろうか。彼もまた、中堅医療機器メーカーＩＶＡＣ社の社長として、〈解決策を見いだす〉姿勢を社内に定着させて〈ライン上〉に留まれるよう導いたひとりである。

ＩＶＡＣは「モデル五七〇」という機器を新たに開発した。七〇のパーツから成る大型医療機器である。この新製品をミシガン州ランシングのスパロー病院で最初に導入すると決まり、クリスマス前の一二月一八日に納品することとなった。

ところが、年の瀬が近づくころになって、モデル五七〇のプリント基板に問題があることが発覚した。何としてもクリスマスの納品に間に合わせようと、マイクは社員に対し、期日に間に合わせるために打てる手はないか、と意見を募った。

激しい議論を戦わせた末、「プリント基板の変更によって生じる問題に対処する、モデル五七〇納品のための特別チームを結成してはどうか」との意見があがった。それを聞いたマイクは、製品開発、機器操作、エンジニアリング、品質保証、出荷部門からメンバーを集めてチームを結成し、一週間以内にプリント基板の変更を完了させるよう要請した。

ちょうど一週間後、モデル五七〇の出荷準備が整った。だが、新たな障害が立ちふさがった。クリスマス前という時期のため、輸送業者の予約がとれないのだ。ここでまた、マイクは皆に「どうすれば期日に納品できる？」と尋ねた。すると、「予定通りに届けるには、小型ジェット機をチャーターしない限り無理ですよ」との答えが返ってきた。すかさずマイクは「ならばチャーターすればいい」と答える。

何としても予定通りに届けようとするマイクの姿勢に心を打たれ、誰もが必死で作業に取り組んだ。出荷部門は大急ぎで小型ジェット機をチャーターし、モデル五七〇が収まるよう機内を整えた。

ところが、いざ積み込もうという段階になって、注文の量を勘違いしていたことに気づいた。正しい注文の部品はあるが、機内に入りきらない。すると、積み荷担当者は箱詰めした機器をいったんばらし、機内にすべて収まるように梱包し直した。そうして一二月一七日の午後三時、ようやく小型ジェット機はランシングに向けて飛び立った。

何かトラブルが起きたときのため、製品開発マネジャーがジェット機に同乗していた。数時間後、給油のためにカンザス州ウィチタに立ち寄り、再び離陸しようと滑走路を走行中に、パイロットが高度計の異常に気づいた。これでは低い高度で短い距離しか飛べない。ジェット機は二〇〇マイル離れたネブラスカ州リンカーン空港に着陸した。

そこでマネジャーは、ＩＶＡＣの輸送調整部門に高度計の故障を伝え、直す方法を調べるよう依頼した。輸送調整部門にとっては、極めて異例な依頼である。だが彼らは航空会社や製造元に問い合わせ、故障部のパーツを確保した。そして、五時間後にはリンカーン空港にパーツが届けられ、無事ジェット機の高度計は直った。

一二月一八日午前三時半、ジェット機はランシングに向けて出発した。二時間一五分後には到着できる。一方、モデル五七〇の使用法を教えるトレーナーも、車でランシングのスパロー病院に向かっていた。だが、シカゴで吹雪に見舞われ足止めされてしまう。それでも約束の時間を守ろうと、夜通し車を走らせて、予定通りの時刻に病院に到着した。

一二月一八日午前七時半。当初の予定通り、モデル五七〇が病院に設置され、トレーナーによる説明が行われた。

シンメイド、ネスレピュリナ、ＩＶＡＣの社員のように、「現状を打破して求める結果を得るために、他に何ができるか？」と考える人は少ない。だから、未解決のまま放置されている問題が山ほどあるのだろう。

⦿〈ライン下〉に降りる誘惑に負けない

問題の解決には、想定内の障害、想定外の障害の両方が付き物である。そして、そうした障害に突き当たると、〈ライン下〉に落ちて被害者意識の悪循環にとらわれやすくなる。とらわれないようにするためにも、問題解決にあたるときは、〈ライン上〉に留まると固く決意しておく。特に、不測の事態に見舞われたときは要注意である。

筆者のクライアントに、優れた能力を発揮して〈ライン下〉の強い誘惑に打ち勝ってきた企業がある。やはり企業名や関係者名は伏せ、一部の状況を変えているが、それ以外はすべて実話である。

中堅デパートチェーンの店舗運営部長を務めるジョー・マクギャンは、売上が急激に減少するという厳しい年を迎えた。新しい販促計画やマーケティング戦略は、もう三年以上も打ち出されていない。ジョーの部下にあたる八四名の店舗マネジャーは、弾の入っていない銃で戦っているような気持ちだった。

そんななか、〈オズの原則〉のワークショップを行ったことから、そうした状況に向き合い、自分のこととしてとらえる人が現れ始めた。すると、社内全体に希望を持とうとする空気が広がった。

ひさびさに新規販促キャンペーンの実施も決まり、店舗マネジャーの態度も前向きに変わった。そうした変化に、店舗の販売員も大いに喜んだ。だが、売上が増加し、社員の士気が高まったとはいえ、ライバル社にはとうてい及ばず、まだまだ努力が必要だった。

企業として成長しているのは間違いない。社員も解決策を見いだす姿勢を持って〈ライン上〉に留まろうと努めている。だが、それは決して簡単なことではなかった。特に、前線で日々売上と戦っている店舗マネジャーにとっては。

ある晩、ジョーはダラス・フォートワース国際空港のホテルにいた。そこで、一五から一八店舗の監督を任されている五名のマネジャーと落ち合った。たまには普段とは違う場所で打ち合わせをしよう、ということになったのだ。

小さな会議室に六人が揃うと、誰もが自分のアカウンタビリティと当事者意識の高さを示し、〈ライン上〉の行動をとっているとアピールし始めた。だが実際には、業績を伸ばし続けろという上層部の高い期待に、彼らは神経をすり減らしていた。先日の販促キャンペーンの効果が徐々に薄れてきていることや、奨励給制度の導入の遅れていることも、皆の心の負担になっていた。

正式に会議を始める前に、マネジャーのひとりがためらいがちに口を開いた。

「会議を始める前に、ちょっとだけ〈ライン下〉に降りませんか? 現状について本音を言いたいのです」

最初は笑い声が上がったが、すぐに皆の鬱積した感情があふれ出した。会社の何がいけないか、誰に非があるのか、なぜ自分たちにばかり負担を強いられるのか、ということについて、各自が思いのたけをぶちまけた。

一五分ほどそんな時間が続いた後、ジョーが手を振りながら「よし、これで皆の胸のつかえはとれた。今からは〈ライン上〉に戻り、どうすれば結果が出せるか話し合おうじゃないか」

と言った。抱えていた不満を解消したせいか、問題を解決し、障害を取り除くための意見が活発に交わされた。

彼らは〈ライン下〉に留まっても仕方がないと承知のうえで、一時的に〈ライン下〉へ降りて、ストレス発散のために、現状に対する不満や弱気を口にした。〈ライン下〉に留まることのむなしさを理解しているからこそ、〈ライン上〉へ戻って問題解決にあたることができた。彼らのような意識がないと、〈ライン下〉に留まりたい誘惑に簡単に負けてしまう。**〈ライン下〉にあえて降りるならば、絶対に長く留まらないと固く心に決めておく必要がある。**

解決に向けて考えるのを止めると、〈ライン下〉に落ちて被害者意識の悪循環に陥ってしまう。そうなると、より良い将来を構築するのに必要な答えは見つからない。

〈ライン上〉にのぼって解決策を見いだそうとするには、個人的なリスクがありそうだ、と感じる人もいるだろう。その感覚は正しい。実際にリスクはある。だが、〈ライン下〉に留まるほうがはるかにリスクは高い。そこに潜むのは、自分が切望する結果を決して得られないというリスクである。

〈ライン下〉に留まりたい誘惑を断ち切らない限り、今の仕事を維持はできても成功はできない。仕事内容を変えようとしても、仕事そのものを辞めても、やはり成功は望めない。成功を求めるなら、自分と求める結果の間に立ちふさがる障害を取り除こうと、最大限に努力するしかない。それができない人には、残念な結果が待ち受けている。

◉〈解決策を見いだす〉ことができないとどうなるか

現実を見つめ、当事者意識を持つことはできても、解決策を見いだす段階でつまずくケースは非常に多い。

次に紹介するソフトウェア開発のクリエイティヴ・ウェア社（仮名）も、この段階でつまずいた。同社のプログラミング開発部門は、工程ごとにリーダーを設けている。その四名のリーダーは、彼らの上司にあたる同部門の統括部長にほとほと困り果てていた。

部長のボブは優秀な人物ではある。ただ、厳しい納期や品質維持に関しては、とてもアカウンタビリティがあるとは思えない態度をとる。とうてい守れそうにない納期で気軽に開発を引き受けては、バグのある製品を慌ただしくリリースする、という具合なのだ。

四名のリーダーは、しっかりと現実に向き合い、そうした状況を自分のこととしてとらえていた。だが、解決策を見いだすことはできなかった。〈当事者意識を持つ〉段階で止まったまま、「努力はしているが、何をやってもうまくいかない」と不満を言い続けていた。有効な解決策を見つけられないのだ。

彼らは被害者意識の悪循環に陥っている兆候を示し、部長の態度も変わらないままの状態が続いた。〈ライン上〉に行って解決策を見いだそうとしても〈ライン下〉に落ちてしまう。彼らは苛立ちと失望を覚えた。部長のせいで、変える必要があることを変えられない――四名のリーダーに、無力感やあきらめの気持ちが生まれた。

新製品の発表もままならないまま、クリエイティヴ・ウェア社は市場での信頼を失っていった。それに、ディーラーや流通業者、小売業者からも、納期を守らない会社、バグの多い製品を作る会社、と思われるようになっていた。そうなると、たとえきちんと納期を守っても信用は簡単には回復しない。解決策を見いださなかった代償は大きい。

これとよく似た事例がゼネラル・エレクトリック（GE）にも起こった。ABC放送の「プライム・タイム・ライヴ」で、GEのコーヒーメーカーに内蔵されたエマーソン・エレクトリック社製ヒューズが誤作動して機器が爆発し、何百件もの住宅火災を招いたとのニュースが報道された。しかも、両社ともヒューズの問題を知りつつ無視していたのだという。

同番組のキャスター、クリス・ウォレスは、

「過去一二年にわたり、このコーヒーメーカーで何百人もの被害者を出しています。家が火事になった人や重傷を負った人はもちろん、死に至った人までいるのです。ですが、GEはその責任を決して認めませんでした。大企業として持てる力を総動員して、コーヒーメーカーに対

する苦情に異を唱え続けたのです」

報道された年から一〇年分さかのぼったGEの記録によると、報道のあった年には一六八件の苦情が寄せられ、怪我の報告のなかったものはそのうちの四二パーセントと記されている。つまり、GEは問題を事実として認識していたのだ。しかも、その一年後には二〇万台のコーヒーメーカーを回収したのだから、当事者意識もちゃんと持っていたということになる。

だが、コーヒーメーカーの問題を解決することはしなかった。「GEはバックアップ用ヒューズの装着を検討したが、結局実行しなかった」とウォレスは伝えている。

それから二年後、GEはコーヒーメーカー部門をブラック・アンド・デッカー社に売却した。ブラック・アンド・デッカー社は、バックアップ用ヒューズを装着して問題を解決している。これと同時期に、GEはヒューズに欠陥があったとしてエマーソン・エレクトリック社を訴え、勝訴した。

GEのある役員は、「エマーソンのヒューズのいい加減さには、何年も前から辟易していた」と証言した。そういうGEも、問題を解決しようと努力することなく、コーヒーメーカー部門を売却してしまったのだが。

才能、知恵、経験、規範をしっかりと備えたGEのような企業ですら、自らを厳しく律していないと、〈ライン下〉に落ちてすべてを失いかねないのである。

◉〈解決策を見いだす〉六つの方法

ここまで見てきたことからもわかるように、現実を認識して当事者意識を持っていても、問題解決はなかなかできない。解決策を見いだすには、これから紹介する六つの方法が必要だ。現実を見つめて当事者意識を持つ段階から、解決策を見いだす段階へと移行できるかどうかは、この六つを身につけられるかどうかにかかっている。

①解決したいという気持ちを忘れない

厄介な問題がなかなか解決しないと、次第にあきらめの気持ちになり、解決しようとする気持ちが萎える。そして、そのうち良くなるかもしれないと様子見の態度になる。この罠に落ちないよう、解決策を探している間は、解決したいという気持ちを決して忘れてはいけない。実行が困難な策に固執しないこと。でないと、他の選択肢について考えようとしなくなる。

②集中する

他に何ができるか――常にこう自分に問い続ければ、新しい解決策や独創的な方法が生まれ、前へ進むことが可能になる。あるリーダーはこう言った。

「集中すれば解決は容易になる。何も問題の性質が変わるのではない。解決する力が増すのだ」

③視点を変える

アルバート・アインシュタインの言葉に、「問題を生み出したときと同じレベルで考えていても決して解決できない」とある。要するに、問題が生じたときと同じ考え方では、そこから抜け出せないということだ。常に自分以外の視点で物事を理解するよう努める必要がある。

④新たな関わりを築く

解決には革新的なアプローチを要する場合が多い。つまり、これまでにない考え方と行動が必要になる。それには、解決に関係すると思っていなかった人たちとの関係を築くことが役に立つ。ライバル、サプライヤー、卸先、別の部署の人間……。常に新たな関わりを持とうとする心がけが大切である。

⑤率先して行動する

解決策が見つかれば、必然的に良い結果が生まれる。それだけに、解決策を見つける全責任は自分にある、と意識する必要がある。

自ら率先して問題点を追究し、解決策を探し求めない限り、光は見えてこない。たとえ、もうできることはすべてやったと思っても、あきらめずに求め続ける。

自分が出したい結果に対し、他人が自分と同じレベルの当事者意識を持ち合わせることはほとんどない。だからこそ、結果を出したいなら自分が率先して行動するのだ。

物事を実現させる人、物事が起こるのを傍観する人、何が起こったのかよくわかっていない人、何かが起きたことすら気づかない人――あなたはどのタイプになりたいと思うだろうか？

⑥意識し続ける

これは非常に重要なポイントである。意識し続けるとは、自動操縦モードになることなく、解決に結びつきそうな物事すべてに注意を払う、という意味である。

特に、当たり前に思っていることや「自分のやり方」として定着していることを改めて見直してみるといい。前提を疑い、思い込みにとらわれていないか常に目を光らせる。そうすれば、これまでとは違うレベルで物事を考えられるようになる。

◉〈解決策を見いだす〉――セルフチェックテスト

以上の六つの方法を生かして行動できているかどうかを確かめるため、セルフチェックテストを用意した。自分の態度や行動を振り返り、それぞれの方法について自分に当てはまると思う数字に○をつけよう（一八二ページ）。

チェックを終えたら合計を求め、一八三ページの判定表でそれぞれの方法について自分の評価を確認しよう。自分に正直に評価すれば、自分の弱みが見えてくるはずだ。

〈解決策を見いだす〉ステップを上がれば、問題を解決する知恵が身につき、ライン上を目指す旅路で遭遇する数々の障害を取り除く力が強くなる。その効果は計り知れない。

◉〈解決策を見いだす〉ことの効果

〈解決策を見いだす〉ステップをのぼった効果を存分に味わった石油会社が北米にある。彼らは安全性を向上させて事故を減らし、OSHA（労働安全衛生法）のレーティングをゼロ（つまり無事故）にしようという目標を掲げた。

当時のOSHAレーティングが8の彼らにとっては、非常に高い目標である。事故が起きても、各自が自分の基準で判断して「自分のせいではない」と結論づける風潮がはびこるなか、社員全員を〈ライン上〉に行かせるのは簡単ではなかった。

誰も責任を引き受けなければ、事故率を下げる改善などとてもできない。ところが、組織全

〈解決策を見いだす〉セルフチェックテスト

	いつもそうだ	時々そうだ	まったくそうでない
1. 厳しい状況に陥っても、問題を解決する気持ちを常に持ち続ける。	3	2	1
2. 「求める結果を出すために、他にできることは何か？」と常に問い続けている。	3	2	1
3. 前提条件だと思っていることや、「自分の常識」にとらわれていないかと疑う意識を持っている。	3	2	1
4. 革新的なアプローチを求めて、関わりを広げる努力をしている。	3	2	1
5. 率先して問題を追究し、解決策を探そうとしている。	3	2	1
6. 問題を別の視点からとえるよう意識している。	3	2	1

合計　　　　　点

〈解決策を見いだす〉セルフチェックテスト：判定表

合計	評価
13〜18点 ＝ 合格	自分の責任に向き合い、状況を自分のこととしてとらえ、問題を解決しようと熱心に取り組んでいる。素晴らしい！
7〜12点 ＝ あと一歩	問題解決を自分のこととしてとらえきれていない。中途半端に勇気やハートや知恵があっても、〈ライン上〉と〈ライン下〉を激しく行き来するばかりである。もう一息！
1〜6点 ＝ 不合格	かなり努力が必要。もう一度この章を読み返そう！

体で〈オズの原則〉を実践し始めると、次第に変化が起きた。ＯＳＨＡレーティングが下がり始めたのである。それに、会議のたびに、「安全性を高めて事故を防ぐために他に何ができるか？」と皆が口にするようになった。

こうした議論が当たり前になってくると、社内から〈ライン下〉の態度は消え、誰もが必死で解決策を探し求めるようになった。そしてとうとうレーティングが1を切り、０・７を記録した！

安全面をここまで大幅に改善したことに伴い、時間、エネルギー、活動、リソースの無駄も多く見つかり、それらを無くしてコスト削減も実現した。まだレーティングゼロは達成していないが、全体としての業績は著しく向上している。

先に登場したクリエイティヴ・ウェア社の四名のリーダーは、現実を認識し当事者意識を持っていたにもかかわらず、解決策を見つけられない無力感にさいなまれていた。その後、熟考と議論を何度も重ねた末にようやく無力感を克服し、「現状を乗り越えて望む結果を手にするために何ができるか？」と自らに尋ね始めた。

その答えを見つけるため、彼らは、近々開かれる新製品開発に関するグループ討論で、自分たちの懸念を正直に話そうと決めた。というのも、三週間前にクリエイティヴ・ウェア社として親会社に提出した年間利益計画で、新製品三つの導入による利益を全体の二五パーセントに当て込んでいるにもかかわらず、肝心の製品開発が計画よりもすでに半年から一年遅れていたのである。四名のリーダーがこの状況を経営陣に伝えると、隣の部屋まで声が聞こえる大騒ぎとなった。

それから二日間、この実現不可能と思える開発計画についてじっくりと調査した結果、同社社長は、この先一年は新製品の発表は無理だと判断した。そして幹部にも、その事実を認識させた。

すると幹部らは、その問題を自分のこととして受け止め、すぐさま全社をあげて解決しようと動き出した。それから一年半後、当初の予定から半年遅れたものの、クリエイティヴ・ウェア社は見事三つの新製品を発表し、ディーラーや流通業者、小売業者の信頼も取り戻すことができた。

短期間で実績をあげねばならないというプレッシャーがあったにもかかわらず、社長をはじめとする同社の社員は、現実を見つめて当事者意識を持つという過程をきちんとたどってから、問題解決に取り組み始めた。やみくもに解決を急いでいたら、スケジュールの遅れや品質不良などを招いていたかもしれない。

問題をきちんと認識して当事者意識を持てば、解決のために他に何ができるかと考えられる

ようになる。「他に何ができるか？」と、解決策が見つかるまでひたすら考え続けるからこそ、新たな方向性や有効な策が見えてくるのだ。

四人のリーダーは、無力感に打ちひしがれていた間は、解決できないという思い込みから抜け出すことはできなかった。だが最後には、会社が要求する結果を出す力は自分たち社員にあるのだと理解した。

一方、彼らの上司だった部長は、結局最後まで自分の抱える問題を認識できず、職を追われた。だが、四人から部長に昇進する者は出なかった。確かに彼らは貴重な教訓を得た。とはいえ、部長という重責を担うには、アカウンタビリティについてもっと深く理解していなければならない。

〈ライン上〉を目指す旅は、「目的を達成するために他に何ができるか」という問いに始まり、この問いが旅の活力にもなる。問題が解決するまで旅は終わらない。クリエイティヴ・ウェア社は、当初の予定通りに新製品を発表することはできなかった。だがそれを目指したから、大きな成長を遂げた。彼らの旅はまだまだ続く。

この例が教えてくれるように、何をやろうとするか、何を達成したいかは問題ではない。〈ライン上〉を目指して解決しようとすれば、状況は大きく変わる。〈ライン下〉で惨めに暮らしていては、輝かしい成果は期待できない。

◉次のステップは……

『オズの魔法使い』のかかしは、問題を解決するための知恵の象徴である。ただそれは、最初から彼に備わっていたものだと後から判明する。

そのおかげで、「かなえてもらいたいことは、自分の力でかなえられる」とドロシーが気づくのに、あと一歩のところまで来た。彼女がかかとを鳴らしてカンザスに戻るには、あともうひとつの要素が必要なのだ。

オズの国で出会った仲間たちから多くを学びながら、ついにドロシーは、〈ライン上〉にのぼったときの効力の全容を知る入り口にたどり着いた。第二部の最後の章となる次章では、アカウンタビリティの四つのステップすべてを生かして〈行動に移す〉ことについて見ていきたい。

第７章　すべてを〈行動に移す〉――ドロシーのように

ライオンが大喜びで部屋から出て行くと、オズは一人ほくそ笑みました。かかしにもブリキの木こりにもライオンにも、自分がほしかったものをもらえたと思い込ませることに成功したからです。

「うまくだませたようだな」と、オズはつぶやきました。

「不可能なことをやれと言うのだから、だますよりほかないというものだ。まあ、かかしとブリキの木こりとライオンは、私のことを万能の神だと信じ込んでいるかぎり大丈夫だろう。だがドロシーはそうはいかない。なにしろカンザスに送り返してほしいんだから。いったいどうしていいものやら」

◉ウォルマートはなぜ成功できたか

米国小売最大手のウォルマートでＣＥＯを務めたデヴィッド・グラスは、フォーチュン誌が毎年発表する「世界で最も称賛されるCEO」に選出された。同誌は一九九三年の「批判から逃げないCEO、デヴィッド・グラス」と題した記事で、彼が同業者から称賛される理由について触れている。

常により良い方法を探し求める

売上五五〇億ドルを誇るウォルマートのCEOとなったグラスは、本社に腰を据えることなく店舗巡りに精を出している。ビジネスが行われるのは店舗だからだ。

ウォルマートが成功するかどうかは、各店舗やライバル社の陳列、従業員の日々の作業を知るか否かで決まる、とグラスは理解している。ノート片手に絶えず疑問を書き連ね、そのすべてに自分で答えを出す。

常により良い方法はないかと探し求める彼の姿勢は、現実を見つめ、当事者意識を持ち、解決策を見いだして行動に移す経営者の象徴であり、常に〈ライン上〉の態度であろうとする意志の表れである。

グラスの訪問を恐れる従業員は誰もいない。彼も自分たちと同じ期待と不安を抱えていると知っているのだ。それに、経営陣も、グラスが現場密着型の方針をとっているからといって、現状維持で満足しているわけではない、と理解し、彼のことを尊敬している。

記事の中で、「グラスは常に一一〇パーセントを期待している。彼がそう口に出したことは一度もない。言わなくてもわかる」と経営幹部のひとりは語っている。また、当然ながら、グラスから学ぼうとする企業や経営者も大勢いると記事は続く。

ウォルマートの攻めの姿勢を批判する声もあるが、その秘密を探ろうと同社を訪れる経営者は後を絶たない。ゼネラル・エレクトリックのジャック・ウェルチもその一人である。また、P&Gの元CEOジョン・スメールは、ゼネラル・モータース（GM）の会長に就任すると、真っ先に、ジャック・スミスCEOをはじめとするGM経営陣をウォルマートの経営会議に連れて行った。

ウォルマートでは、期日や時期について言及せずに意思決定を下す。そうしたやり方を学ばせたかったのだ。他にも、IBM、イーストマン・コダック、サウスウエスト航空、サラ・リー、アンハイザー・ブッシュの経営陣らもウォルマートを訪れている。

今日できることを明日に延ばさない

ウォルマートは目覚ましい成長を遂げ、大きな成功を収めている。だがデヴィッド・グラスは、まだまだ上を目指す。行動に移したからといって、その栄光に酔いしれている暇はない。絶えず進み続けねばならない。

また、一九九九年のビジネス・ウィーク誌にも、ウォルマートとデヴィッド・グラスについての記事がある。

ウォルマートもとうとう限界にきた、と思えたのがつい三年前のことだった。利益成長率は鈍化し、投資家からも見放され始めていた。

だが、デヴィッド・グラスCEOは、新たな方向性に活路を見いだした。彼の最大の功績は、巨大な総合食品スーパー（ショッピングセンター）として生鮮食品ビジネスへ進出したことだろう。

一九八八年からCEOを務め、六三歳となった彼は今、小規模なスーパーマーケットにも手を広げつつある。彼のおかげで、ウォルマートは実体経済でもウォール街でも息を吹き返した。

なぜグラスはここまでの功績をあげることができたのか？　何としてもウォルマートを世界ブランドにしようという、断固たる決意のおかげである。

「ウォルマートの収益（および株価）は急上昇を遂げている。そして、莫大な投資を経てようやく、海外店舗も利益を上げるようになってきた」と記事にある。

これまで、〈現実を見つめる〉〈当事者意識を持つ〉〈解決策を見いだす〉の三つのステップを学んできた。この三つに〈行動に移す〉を加えた四つが合わさって初めて、〈ライン上〉の恩恵を十分に受け、求める結果を出すことができる。

ウォルマートの従業員は、今日できることを明日に延ばさない。創業者であるサム・ウォルトンが掲げた「サンダウン・ルール（日没原則）」は、今なお同社の指針となっている。「相手がいることで成り立つ仕事なのだから、今日中（日没まで）に成し遂げることを標準とする。海外店からであろうと階下からであろうと、どんな依頼も当日中に対処すること」

⦿行動しなければ結果は出ない

アカウンタビリティとは何かと突き詰めると、結果が出るまでの全責任を負い、行動に移すことだと言える。全責任を負うことの最大の収穫は、状況を乗り越えて求める結果を手にすることである。

だが、**結果を手にするには、行動しなければならない。これまで学んだ三つを適用するだけでもさまざまな効果はある。でも結果を出したいなら、四つ目がいる。情熱を持って常に積極的に行動しなければ、結果は手に入らない！**

輸送サービス企業フェデックスのウェブサイトに、〈行動に移す〉ことの好事例がアップされていた。同社の企業理念でもある「何としても、絶対に、前向きに」をタイトルに、社員のエピソードを披露するものだ。

フェデックスのドライバー、バスター・ナルは、夕方に出荷するホイールを引き取りにアルコア社へ行った。

ところがホイールの重要なパーツがまだ到着しておらず、それをホイールに装着しないと出荷できない。バスターはホイールの準備ができるのをただ待ってはいなかった。予定時刻に出荷できるよう、自ら買って出てパーツの装着や油差しを手伝ったのだという。

次も同じくドライバーのスティーブン・ショットの話。勤務中に彼の配達車がオーバーヒートした。でもラジエーターに冷却水を何度も補給しながら、なんとか時間内に配達をすべて完了させた。そして集配所に戻り、別の車に次の配達分の荷物を積んで出発した。

だが、その車も故障して動かなくなった。するとスティーブンは、配達先の顧客に頼んで自転車を貸してもらい、後部にフェデックスと書かれた箱をくくりつけ、その中に荷物を入れた。

気温三二度を超える熱さのなか、スティーブンは勾配のきつい坂道を一五キロ以上自転車で進み、六キロ近く走って一軒一軒配達し、それから三キロ歩いて集配所に戻った。残りの荷物もすべて自分の足で配って歩いたそうだ。

バスターとスティーブンの例からわかるように、最後に勝つには、とにかく行動を起こさねばならない。

〈行動に移す〉というステップを踏むことで、自分の行為や感情、状況に対するアカウンタビリティとは別に、今後の行動に対するアカウンタビリティが生まれる。そのアカウンタビリティに、より良い結果を出すという目標を組み合わせれば、自分はどこに向かっていて、何をすべきなのかが明確になる。

力が及ばず実現できなかった、やり遂げられなかった、というのは、アカウンタビリティがまだ十分でない証拠である。

〈行動に移す〉には、〈ライン上〉に行き、留まろうとする意欲がいる。〈ライン下〉へと誘惑するさまざまな事件や問題には毎日のように直面するが、その誘惑に負けないよう努めねばならない。

本書で何度も強調するように、アカウンタビリティは流動的なので、被害者意識の悪循環にいつ陥ってもおかしくない。〈ライン上〉に留まるには、努力と忍耐と警戒心が必要だ。それだけではない。望む結果を得るには、リスクを受け入れて大きな一歩を踏み出す意志も重要になる。

リスクや失敗を恐れるあまり、〈行動に移す〉ための一歩を踏み出す勇気が持てない人が非常に多い。だが、リスクを受け入れてこそ、成功までの道のりに現れる障害を乗り越えることができるのだ。

⦿全責任を引き受ける

〈行動に移す〉とは、結果に対する全責任を引き受けることである。いかなる理由があろうと、結果を出すまでの途中経過にもすべて責任を負わねばならない。

輸送企業アメリカン・ヴァン・ラインズのドライバーの話を例に紹介しよう。彼は結果に対する全責任を引き受け、決して〈ライン下〉に落ちなかった。

このドライバーは、テラデータ社の荷物の輸送を担当した。テラデータ社は、今でこそＩＴ企業ＮＣＲの一部門だが、当時はまだ小さなコンピュータ会社だった。アメリカン・ヴァン・ラインズのドライバーが輸送を担当したのは、同社初の大口契約となる製品「ビッグ・ワン」の納品だった。

出荷日の朝、ドライバーが荷物の引き取りに現れると、「ビッグ・ワン」と製品名を記した揃いのＴシャツを着た従業員たちが大喜びで出迎えてくれた。土曜日だというのに、コンピュータの出荷を祝おうと、全従業員とその家族が集まっていた。「ビッグ・ワン」を積み込んだトラックのエンジンがかかると、一同から歓声が上がった。

その様子に感激したドライバーは、手を振りながら、「絶対に無事に届けますから！」と叫んだ。テラデータとの仕事はこの一回限りかもしれないが、ドライバーは自分もテラデータの一員のような気持ちになった。それと同時に強い当事者意識が生まれ、同社初の大仕事に関われたことを誇りに思った。

八時間ほど走り、計量所に到着した。だがここで、法定積載量を二二五キロオーバーしていることが判明した。重量オーバーした場合は書類手続きが必要となり、承認を得るのに丸一日かかる。そうなれば、積み荷は約束の期日に間に合わない。

この時点で、〈ライン下〉に落ち、重量オーバーをテラデータのせいにするのがいかに楽かは想像に難くない。そもそも、ドライバーに落ち度があって重量をオーバーしたわけではないのだ。また、モーテルかどこかにチェックインして指示を待つ、という選択肢に逃げることもできただろう。

だがこのドライバーは、状況を自分のこととしてとらえることを選び、〈ライン上〉に留まった。納品期日を守れるのは彼をおいて他にいない。そして彼は、解決しようと行動に出た。最寄りのトラックステーションに戻って車を停め、フロントバンパーや予備のタンクや椅子などを降ろし、付近の溝に人目につかないよう隠した。

これら備品が盗まれる危険性はもちろん考えた。備品を失ったらその責任は彼が負うことになる。だがその不安はすぐに消えた。こうする以外、予定通りの納品は不可能だと思い、敢えてリスクを負ったのだ。

再び計量に臨むと、今度は二二キロ軽かった。安堵のため息をつき、制限範囲に収めることができた自分を誇らしく思い、彼は配達先へと車を走らせた。そして「ビッグ・ワン」は予定時刻に納品された。彼は見事に成し遂げたのだ！

◉「君にできることは何か？」と社員に問いかける

もうひとつ、〈オズの原則〉を活用するようになって一〇年以上たつ企業の話を紹介しよう。日々の活動が会社としての成果につながる典型的な例である。

第3章に登場した、売上高三五億ドルの医療機器メーカー、ガイダントを覚えているだろうか。同社では、事業目標を共通認識として各自に理解させるよう努めている。一体どうやっているのか？

その秘密はひとつの問いかけにあった。会議の場などで、社員に対し、「君にできることは何か？」と問いかけるそうだ。そう尋ねれば、会社の目標にどう貢献できるか考えるようになるという。もちろん、その効果は絶大だ。

ガイダントに入社すると、アカウンタビリティを身につけるために、〈現実を見つめる〉〈当事者意識を持つ〉〈解決策を見いだす〉〈行動に移す〉の四つのステップと、「結果を得るために他に何ができるか？」と常に考え続けることを学ぶ。

ガイダントが会社として顧客を第一に考えていこうと方向性を定めたら、社員は自分個人が顧客を満足させるためにできることを考える、という具合だ。

その成果は素晴らしいものだった。たとえば、除細動器の植え込み手術を希望する患者について、医師から相談を受けたときのこと。この患者は、背中の痛みを和らげるための機器をすでに装着しており、果たして除細動器を植え込んでも影響がないか、その医師には判断ができず、ガイダントの技術サポートサービスに電話をかけた。

電話を受けた技術サポート員は、ただちに社内の機器担当者に連絡を取り、ガイダントの除細動器と他の機器との相互作用に関する文献をファックスした。記事を受け取った担当者は、医師に電話をかけ、文献の内容を説明した。おかげでその医師は、手術をしても大丈夫だと自信が持てた。

植え込み手術の後、ガイダントの機器担当者は、「あなたの対応がなかったら、あの患者さんは除細動器の手術を受けられなかったかもしれません。助かりました！」とのメールを技術サポート員に送っている。

ガイダントの技術サポートサービスは、二四時間体制で電話を受け付ける。同部署のデールマネジャーによれば、先のようなお礼メールは毎日のように届くという。「大勢の営業担当者や医師から、誰が出ても的確な対応をとってくれると高い評価をもらっている」と彼は言う。ガイダントの技術サポートサービスは、業界でも称賛されている。この称賛を得られたのは、「君にできることは何か？」というたったひとつの問いかけのおかげである。もちろん、問いかけよりも答えを出すほうがずっと大変なのだが。

◉〈行動に移す〉ことができない理由

〈行動に移す〉ことができない人は、〈ライン下〉の誘惑に打ち勝つのが難しいと感じるようだ。誘惑に負けてしまうのは、リスクに抵抗を感じるからだろう。結果に対する全責任を負うときはリスクも伴う。そのリスクを自然に避けようとするのだ。

失敗を恐れる気持ちは厄介である。それがある限り、四つ目のステップはのぼれない。偽りの安らぎに身を置いて、行動に伴うリスクを避ける言い訳を並べているほうが、ずっと楽に思えるだろう。だが、リスクをとりたくないという気持ちを克服しない限り、被害者意識の悪循環からは逃れられない。

〈ライン上〉と〈ライン下〉で、結果を出せる企業とそうでない企業とが分かれる。〈解決策を見いだす〉ステップ止まりの企業は、良い企業ではあるが一流ではない。〈行動に移す〉ステップをのぼることができれば一流である。一流企業は、行動に伴うのであれば、どんな内容であろうと喜んでリスクをとる。

結果に対する責任を個人的なものとして受け止めさせようと、多くの企業が社員にリスクをとらせる新たな試みを始めている。既存の組織構造や企業風土がどうであろうと、一刻も早く社員に行動力を身につけさせねばならないと気づいたのだ。

ＵＳＡトゥデイ紙に、チームの裁量に任せたときの成果に関するこんな記事が載っていた。

ゼネラル・モーターース（ＧＭ）のシボレーは問題に直面した。同ブランドの顔であり、若者に絶大な人気を誇るカマロが、「デカイだけのぼろ車になり果ててしまった」と、コンシューマー・レポート誌で酷評されたのだ。

熱狂的な車好き向け雑誌ですら、甘いギアシフトレバーや水漏れする窓、ガタガタと音のするダッシュボードに関して言及するほどだった。カマロよりも手頃な姉妹車として製造されたポンティアックブランドのファイヤーバードも、装備や仕様が似ているため、同様の問題を抱えていた。

どちらの車も、Ｆボディを採用していた。「売上は落ち込み、品質もひどい状態だった」と、Ｆボディ担当技術部長のリチャード・デヴォジェラーレは言う。「水漏れ、きしみ音、ガタつき、運転性能の悪さ、電気系統トラブル——カマロやファイヤーバードのオーナー全員が、こうした問題に悩まされているのだと思います。完全にわれわれの落ち度です」

ＧＭは、デヴォジェラーレ部長に小規模なチームを結成させ、組織構造にとらわれることなく問題解決にあたらせた。

その結果、品質は改善され欠陥は減り、わずか二年でクレームの数が半減した。デヴォジェラーレ部長はチームとしてどう取り組んだのか。

「予算は本当に微々たるものでしたが、思う通りに行動できました。誰かを納得させる、という必要は一切ありませんでしたから。予算を渡されて、『これで何とかしろ』と言われたときは、新鮮な気持ちになりましたよ。現場の人間に裁量を渡す、とよく耳にしますが、まさに今回がそうでした」と彼は後に語っている。

自分の指示で人を動かしたい気持ちを抑えない限り、このＧＭのような形で社員に責任を持たせることはできない。

◉〈行動に移す〉――セルフチェックテスト

自分が置かれている状況と結果を出すまでの全過程に対して責任を持つ意志があれば、行動力が生まれる。二〇三ページのチェックテストを使って、リスクをとってでもやり遂げようとする意志が自分にあるかどうか、確かめてみてもらいたい。

やり遂げようとする意志が低いと判定されたら、４章から7章までを読み返し、アカウンタビリティについてもう一度確認すること。

チェックを終えたら合計を出し、二〇四ページの判定表で自分の評価を確認しよう。

同僚や友人にこのチェックシートを使って自分のことを評価してもらえば、非常に有効なフィードバックとなる。アカウンタビリティの高い人はフィードバックを求めるものだし、フィードバックがアカウンタビリティの高い人を生み出すとも言える。

◉〈行動に移す〉ことの効果

先にも触れた医療機器メーカー、ガイダントのＣＲＭ事業部は、あるとき危機的状況に陥っ

〈行動に移す〉セルフチェックテスト

	まったくない	たまにある	時々ある	よくある	いつもそうだ
1. 〈ライン下〉に引きずり降ろそうとする要因が現れたら、そうと気づく。	0	1	3	5	7
2. 〈ライン下〉への誘惑に負けることなく行動できる。	0	1	3	5	7
3. どんな結果であっても、自分の責任だときっぱり言える。	0	1	3	5	7
4. アカウンタビリティについて、自分からきちんと理解するよう努めている。	0	1	3	5	7
5. アカウンタビリティをきちんと理解するようにと、人に対して働きかけている。	0	1	3	5	7
6. リスクをとってでも、すべきことをやり遂げたいと思う。	0	1	3	5	7
7. 簡単にあきらめたり障害にへこたれたりせず、実現させようと努力し続ける。	0	1	3	5	7
8. 個人の目標や組織の目標が決まったら、今その目標にどのぐらい近づいているか、常に確かめようとする。	0	1	3	5	7
9. 状況が変わっても、結果を得ようとする意志は揺るがない。絶対にやり遂げようとする。	0	1	3	5	7
10. 求める結果を得るまで、現実に向き合い、当事者意識を持ち、問題の解決を探り、行動に移そうとする。	0	1	3	5	7

合計　　　　　点

〈行動に移す〉セルフチェックテスト：判定表

合計	評価
55~70 点	やり遂げようとする強い意志を持っている。ただ、自分よりもアカウンタビリティの低い人に惑わされないよう心がけていよう。
40～54 点	やり遂げようとする意志はあるが、向上の余地あり。
25～39 点	リスクを冒してまではやり遂げようと思っていないようだ。
0 ～24 点	今のあなたは〈ライン下〉にいる。第４章に戻って、アカウンタビリティについて一から理解しよう。

た。サプライヤーの工場が火事になり、ＣＲＴ―Ｄ（心臓再同期治療植え込み型除細動器）に使用する重要なパーツが入手できなくなったのだ。

ＣＲＴ―Ｄは心臓疾患治療で重要な役割を担う製品であり、この機器を最初に米国に導入したのはガイダントである。このままでは、他社に売上を取られるばかりでなく（他社品のほうが技術も劣っていて機器のサイズも大きかった）、ガイダントの製品を心疾患患者の治療に使おうと思っていた病院関係者の期待を裏切ることになる。

製品開発には、通常、何ヶ月、何年とかかる。だが、ガイダントの経営陣は、同社の技術を必要とする患者や病院の期待に応えるべく、製品技術グループを中心にして代替品の開発を急ぐよう指示を出した。

これまで、製品開発といえば研究開発チームが中心となって進めるのが同社のセオリーだった。だが、今回の開発プロジェクトは、いつもと事情が異なる。パーツが入手できなくなった既存のＣＲＴ―Ｄは、製造中止を余儀なくされた。代替品ではそうした事態を避けねばならない。

二〇〇二年六月一〇日、各部署のトップが集まり会議を開いた。一刻の猶予も許されない状況のなか、一時間で開発計画を立て、翌日にその内容を公表した。そうしてプロジェクト「コンタックＣＤ２」による、代替品開発に向けてのカウントダウンが始まった。

医療機器はＦＤＡ（米国食品医薬局）の承認が必要である。同プロジェクトでは、ＦＤＡ提出期限を八月とした。はっきりいって不可能に近い期日だ。それに、予算もなかった。

コンタックプロジェクトの責任者ケント・フォックスは、研究開発部のチームリーダーを訪ね、別の開発に関わっている人材を優先的に自分のプロジェクトへ回してくれるよう頼んだ。そんなことをすれば、彼らの開発が遅れることになるかもしれない。だが、どのリーダーもフォックスのプロジェクトに理解を示し、必要な人材を譲ってくれた。

このような危機的状況では、〈ライン下〉に落ちてもおかしくない。問題から目をそらし、計画通りに開発を進めていくという道を選んだほうがずっと楽だっただろう。ガイダントのCRM事業部にとって、これほど厳しいスケジュールで製品開発にあたるのは初めてである。

そもそも、翌年二月に、既存のCRT―Dの改良版をリリースする予定だった。それまで患者や病院を待たせるという選択肢も頭をよぎっただろうに、同社の経営陣は〈ライン上〉の態度で臨むことを選んだ。心疾患技術のリーディング企業としてのポジションを守らねば、と感じたからだ。

そして〈解決策を見いだす〉ことを部下に委ね、犯人捜しや言い逃れをするレベルから組織に対する責任を担うレベルへと部下を引き上げた。そのおかげで、会社の問題に社員全体が当事者意識を持つようになったのである。

コンタックプロジェクトチームは、成功目指して懸命に働いた。フォックスは、一日はプロジェクトの三パーセントに相当するとハッパをかけた。その甲斐あって、既存品のハードとソフトをうまく活用できたうえに、米国では業界初となる高エネルギーモデルまで加えることができた。

コンタックプロジェクトの成果物は、他社品の三分の二以下のサイズに仕上がり、既存のCRT―Dの代わりをしっかり果たしてくれた。しかも、FDAへの提出予定期日よりも一週間早い完成である。

結果的に、開発計画からたった四ヶ月半で、FDAの承認までこぎつけることができた。通常、FDAの承認だけで六ヶ月近くかかる。だが、これまでにガイダントが築いてきた信頼と、製品本来の価値が考慮され、早く承認が降りたのだった。

一二月に代替品をリリースすると、患者の救命治療に役立つとしてすぐさま好感触を得た。代替品の評判も手伝って、翌年二月に最新版CRT―Dをリリースすると、大きな反響を呼んだ。数年かけて開発した、同社の傑作とも言える製品である。

コンタックプロジェクトが、ガイダントにとって近年まれに見る厳しいプロジェクトであったのは言うまでもない。それでも、〈ライン上〉に留まろうとする彼らの決意が揺らぐことはなかった。

もちろん、途中でくじけそうになったことはあるだろう。火事を起こしたサプライヤーを責めたり、現状維持を主張したりするのに時間とエネルギーを費やそうと思えば、いくらでもできたはずだ。だが彼らは、そうした被害者意識の悪循環に引きずり込まれることなく、断固としてやり遂げた。

コンタックプロジェクトで彼らが得たのは、顧客満足や堅調な売上だけではない。製品改良の新たな規範も手に入れた。それに、同プロジェクトで用いた生産ラインを改良し、時間短縮を図った。これには顧客から多くの喜びの声が上がっており、市場シェア拡大につながった。製品全般の改良スピードも上がったので、次々に改良品を市場に導入して成功を収めていった。もちろん、重要なパーツを一ヶ所から調達しないための予防手段を講じることも忘れていない。

リーディング企業という会社の評判に対して全員が当事者意識を持たないと、リーディング企業にはなれない――そうガイダントは学んだ。これからは、製品開発プロセスという新たな強みと、確固としたアカウンタビリティで行動する企業風土によって前進していくだろう。

◉組織全体にアカウンタビリティを浸透させる

ドロシーも最後には、持てる力を発揮して自分の願いをかなえた。自分がもともと持っていた力に気づいて活用したからこそ、自分の置かれた状況は自分以外の誰のせいでもないし、求める結果を出せるのは自分しかいないのだと思い、強いアカウンタビリティを持つようになった。その意識が芽生えたおかげで、ドロシーはかかとを鳴らしてカンザスへ帰ることができたのだ。

魔法の靴は旅の間中ずっと履いていた。でも、その力を使うには、旅を通じて〈オズの原則〉を学ぶ必要があった。**人は誰しも、状況を乗り越えて求める結果を手にする力を秘めている。だがそれに気づかなければ、力は発揮できない。**

〈オズの原則〉は、ずっと昔からアカウンタビリティの高い人たちに活用されてきた。二〇〇〇年以上前に記された旧約聖書のエズラ記一〇章では、神の宮の前でひれ伏しているエズラに向かってシェカヌヤがこう告げている。

「立ち上がってください。すべてはあなたの肩にかかっています。……勇気を出して行動するのです！」

英国の詩人W・E・ヘンリーは、また違った形で〈オズの原則〉について表現している。彼は骨結核を患って左足を失ったが、その後右足にも感染が広がり、何年もの病院生活を余儀なくされた。その過酷な時期に、彼は「不屈」という詩を生み出した。

私を覆う夜
鉄格子の隙間に広がる地獄のような暗闇のなか
どんな存在であれ、私は神に感謝する
我が魂がなにものにも征服されないことに

どうしようもない状況にあっても
怯むことも叫ぶこともしない
運命というこん棒が振り下ろされ
頭から血が流れても、私は決して頭を垂れない

この憤りと涙の地の彼方に
亡霊の恐怖がぼんやりと浮かぶ
その恐怖がどれほど続いても
私は決して恐れない

いくら門が狭くても
どれほどの罪を背負わされても

私が我が運命の主である
我が魂を司るのは私である

カンザスに戻ったドロシーは、もう以前の彼女とは違う。困難な旅を経験し、彼女は自分の運命の主となった。そして、オズの国で体験し学んだ数々の素晴らしい出来事を、興奮して家族や友人に話す――。

あなたも、ここで学んだ〈オズの原則〉を、組織全体に広めるときがきた。第３部では、〈オズの原則〉を組織に適用する方法を見ていく。

第3部

組織全体がアカウンタビリティを身につける

組織として〈ライン上〉にのぼるには、社員一人ひとりに個々の責任と共同責任の両方が身についていなければならない。

それには、リーダーとなる人物が〈ライン上〉にのぼり、〈ライン上のリーダーシップ〉を発揮する必要がある。

第3部では、〈オズの原則〉に則ったリーダーシップとは何か、組織に〈オズの原則〉を浸透させるにはどうすればいいか、そして、経営者が頭を悩ませる問題にどう対処すればいいかを見ていきたい。

読み終えた後、「成功の鍵を握るのは結果に対するアカウンタビリティ」だと、きっと納得してもらえるはずだ。

第8章 〈ライン上のリーダーシップ〉を身につける――善い魔女グリンダのように

ドロシーから金の帽子を受け取ったグリンダは、帽子の新しい持ち主になりました。そして彼女は、かかしにこう尋ねました。

「ドロシーが行ってしまったら、あなたはどうするの？」

「僕はエメラルド・シティに戻ります」とかかしは答えました。「オズの代わりにあの街を治めることになっているし、街のみんなも僕のことを気に入ってくれている。それでは、金づち頭の男がいる丘を無事に越えられるか心配だけど」

「それでは、金の帽子の魔法で、空飛ぶサルにあなたをエメラルド・シティの門まで運ばせることにしましょう」とグリンダは言ってくれました。

「あなたみたいな素晴らしい王が戻らなかったら、街の人たちはすごく残念がるでしょうからね」

「僕が素晴らしいって本当？」とかかしは尋ねました。

「あなたはとびっきりですよ」

◉〈ライン上〉へ導く

ドロシー、かかし、ブリキの木こり、臆病なライオンは、旅を通じて、強さ、知恵、ハート、勇気、を手に入れた。そして旅を終えたとき、自分たちが手にしたものは、周囲の人のためにも役立てられるものだと気づいた。

ドロシーたちの旅では、善い魔女グリンダがメンターとなって彼らを見守り、結果に対する当事者意識とアカウンタビリティが身につくよう方途を示してくれた。だが、優秀なリーダーがそうであるように、手取り足取り導くことはせず、正しい方向を示し、その道に沿って進むようコーチするにとどめた。

グリンダは、本当に必要なときだけドロシーたちの前に現れて、彼らの内側に眠っている強さや知恵、ハート、勇気に刺激を与えた。おかげで彼らは無事にオズの住む街までたどり着き、ひいてはそれぞれが望む「居場所」へ戻ることができたのである。

前章までは、個人として〈ライン上〉へ到達する方法について述べてきた。だがここからは、自分以外の人間を導くことについて論じていく。〈オズの原則〉を理解し、〈ライン上〉へ行き、求める結果を出すまでの過程でどう手助けをすればよいかを見ていきたい。

〈ライン上〉に到達している人なら、ときには〈ライン下〉に落ちることがあってもそのまま留まることはないし、フィードバックを積極的に求めようとする、ということは前にも述べた。**ただ、〈ライン上〉に到達している人の特徴は、自分以外の人間も、自分と同じレベルのアカウンタビリティが身につくよう手助けしたい、とも思う点にある。**

今日の組織は、リーダーに多くを求める。単に目標数値を達成すればいいわけではない。倫理的・誠実に行動し、関係者への配慮も怠ってはならない。

人材コンサルティングのコーン・フェリー社が七二六名の企業幹部に実施した調査によると、利益の出せないＣＥＯよりもリーダーシップを欠いたＣＥＯのほうを更迭させたいと思っている人が多い。

上の立場の人間に高度なリーダーシップ力を求める傾向は、どんどん強まっている。今後、〈ライン上のリーダーシップ〉は、単なる付加価値ではなく企業にとって不可欠なものとなっていくだろう。

本章では、〈ライン上のリーダー〉になるために必要なことを見ていく。もちろん、そうしたリーダーになりたいという気持ちがなければ始まらない。

ここまで読み進めてきて、〈ライン上〉に到達すれば、自分の内にある力に気づき、自分の意志で望みをかなえられるのだとご理解いただけたことと思う。それを踏まえたうえで、今の自分が、自分以外の人にもそうした体験を味わってもらいたいと思っているか、心に尋ねてみてもらいたい。

本書で得た知識で他者を圧倒したい、自分だけ高いアカウンタビリティを身につけて優位に立ちたい、自分に有利になるよう他者を支配下におきたい、他者の〈ライン下〉の態度を馬鹿にしたい、という気持ちなら、この章は何の役にも立たない。だが、〈ライン下〉に甘んじている人を〈ライン上〉へ引き上げる手助けがしたいと思うなら、得るものは非常に多いだろう。

◉〈ライン下〉の態度にまず気づくことが必要

〈ライン下〉に陥っているがために、思うような結果を出せない人は大勢いる。〈ライン上のリーダー〉に何よりも必要なのは、そうした人に気づくことである。

ここまで読んだ読者なら、〈ライン下〉の態度や行為を見分ける力はかなりついているはずだ。それに、人がいかに周到に言い訳を並べ立てることができるかもわかっただろう。被害者だと思い込んでいる人の話は真実味があるので、話に介入して〈ライン上〉にのぼるきっかけを与えるのが難しい。

〈ライン上のリーダー〉は、自分が悪役となっても、アカウンタビリティの欠落から生じる問題の根源を究明する。〈ライン下〉の態度を見つけたら、被害者意識の仮面を引き裂き、その下に隠れていた現実を引っ張り出す。現実逃避の仮面に惑わされることなく、結果を出せない本当の原因を容赦なく明らかにする。

もっともらしい言い訳を聞かされたからといって「仕方ない。他の人がちゃんとやっていれば大丈夫だから、大目に見よう」などとは思わない。その場を丸く収めても根本的な問題は残ったままだし、場合によっては問題が悪化する。決して解決したことにはならないからだ。

社内の専門職が体系的な解決策を打ち出しても、結果を出せないことを隠すためのものかもしれないので、そこをきちんと見極める。「あれさえやっておけばうまくいったのですが」などという言い訳は認めない。

そして、〈ライン上のリーダー〉ならば、組織構造やシステムを変更しても、それだけで実際に問題が解決されることはまれだと知っている。そうした変化の後でも、問題の根源を明らかにし、解決をしようと努力する。

製品の品質に問題があると発覚しても、〈ライン上のリーダー〉が不満を漏らすことはない。ただちに自分も含めた組織全員について、品質に対するアカウンタビリティがどう欠けていたのか解き明かそうとする。

成果を出せなかったときは、言い訳のベールを剥ぎ、〈ライン下〉の態度をとっている本当の原因を明らかにする必要があるとわかっているのだ。〈ライン下〉の態度をとっている者がいれば、コーチして〈ライン上〉へと引き上げる。コーチの仕方については、後で詳しく解説する。

被害者意識の悪循環に陥っている者を〈ライン上〉へ導くには、介入するタイミングが肝心である。そのタイミングをうまく計ることができれば、彼らを正しい方向にまっすぐ向かわせることができる。社員が正しい方向に向かって初めて、組織はより良い将来に向かって歩み始めることができる。

◉アカウンタビリティを追及しすぎない

何事においても、やり過ぎというのは良くない。〈ライン下〉の態度の撲滅にムキになりすぎるのも同じである。美徳も過ぎれば悪徳となり、しまいには自分の足を引っ張ることになる。ピアノのキーをひとつだけ執拗に叩くようなもので、周囲にも苛立ちと混乱を招くばかりである。そんな態度では、いくら知識や能力があっても、リーダーとしての資質が疑われる。問題をすべてアカウンタビリティに帰しては、全体像を見誤りかねない。だからといって、問題の背景に潜む責任を見過ごしても、間違いを犯す。

リーダーとして部下を導くのは実に難しい。正しい方向へ導こうという確固たる意志を示しつつ、慎重さも要求されるのだ。

リーダーの中には、「あらゆることにアカウンタビリティを持て」と強要する極端な人がいる。

多少大げさかもしれないが、こういうタイプの人は、歩道を歩いていて車にはねられた人に向かって、その道をその時間に歩いていたから悪い、と言っているのも同然である。それではあんまりだ！

とはいえ、その歩行者が事故を乗り越えて前に進む責任を自分のこととして受け入れなければ元通りの生活に戻れない、と考えれば、歩行者に責任があると言えるだろう。

また、感情的な問題やストレスに関しても、アカウンタビリティが欠けているせいにして解決しようとする人もいる。確かに、不安な気持ちが高じて体調を崩すことはある。

だが、病気、惨事、不運、災難など、あらゆることの原因が本人の行動にあると考えるのは、非常に迷惑な間違いである。状況は、本人の行動だけでなく、自分の力の及ばないさまざまな要因と相まって生まれる（自分の行動がどう状況に影響するか、常に意識するべきではあるが）。

自分が被害者になっても、その原因をすべて自分の行動にあると考える必要はないが、その状況を克服することに対してアカウンタビリティを持てば、求める結果を出せる――そう〈オズの原則〉は教えてくれる。

たとえ悲惨な事態の犠牲者になったとしても、その出来事を残りの人生にどう影響させるかは自分次第だとわかっていれば、被害者として苦しみ続けることは選ばず、自分の今後について責任を持とうと思える。

他にも、アカウンタビリティが強くなりすぎるあまり、他人を支配し始める人もいる。自分の信条と偏見に満ちた世界を〈ライン上〉と信じ、まるで「思想警察」みたいに「〈ライン上〉へ行け」と強要する。

このように極端に走る人のことを、タイム誌で「おせっかい」と断じていたのが印象深い。もっと効率よく、もっと公正に、もっと賢く、もっと建設的に、もっと親しみやすく、もっと勇敢に、もっと信頼できるようになれ……。こうしたことは誰かに強要できるものではないし、強要すべきでもない。道徳的や社会的に何かを正せ、という類のことは、決して無理強いしてはいけない。

リーダーとしてできるのは、コーチであり、励ましであり、教示である。そして、フィードバックを提供し、場合によってはいましめ、愛情を持って接し、正しい方向へと導くことである。絶対に強制はいけない。

⦿コントロールできないことがあると知る

自分ではどうにもできない部分が少しでもある状況では、きめ細やかな対応が必要になる。それは人生でも仕事でも同じだ。天候、自然災害、経済不況、物理的限界、ライバル社の動向、事故、政府の介入など、自分の力が及ばないことは山のようにある。言うまでもなく、家族や遺伝体質、身体の物理的構造もそうだ。

だというのに、自分の力ではどうしようもない事柄を過剰に気に病むリーダーが多いのだという。ウォール・ストリート・ジャーナル紙が、CEOを対象に「夜眠れないほど気がかりなことは？」との質問調査を行ったところ、半数以上が、従業員、経済、ライバル社、政治情勢、政府規制のいずれかを答えに挙げた。

自分の力の及ばないことと、自分にできることは切り離して考えないといけない。国家の経済状態を自分ひとりで変えることはできないのに、経済について文句ばかり言っていても、時間の無駄でしかない。そんな時間があるなら、さまざまな経済状態に対応する戦略を練るほうが有効な時間の使い方と言える。

皮肉なことに、人が心配事に挙げる九〇パーセント以上が、自分ではどうにもできないことだと多数の調査結果に表れている。

自分の力の及ばない問題だけを列挙してみるといい。〈ライン下〉に落ちることの予防策にもなるし、余計な心配に気をもまないようになる。それに、〈ライン上〉に引き上げるという名目で、何もかも（誰も彼も）を自分の気に入るようにしようと躍起になることもなくなる。

現在抱えている、自分ではどうにもできない問題を、二二四ページの表にいくつか書き出してみよう。職場の問題でも家庭の問題でも構わない。そして、どうにもできない程度を、0（一切どうにもできない）、＋（ほとんどどうにもできない）、＋＋（少しはなんとかできそう）、の三段階で表す。

この表を作っておけば、どうにもできない問題を普段の仕事や生活から切り離して考えられるようになるので、わずらわしい思いをせずにすむ。自分の力が及ばないことに気をもまずにいれば、どれほどの時間と労力がセーブできるか考えながら記入しよう。

アカウンタビリティを正しく理解してきちんと身につければ、状況適応力が増し、求める結果を出す力も増す。他者を〈ライン上〉へ導くときは、その人物がどんな事情を抱えていようとも、現実を見つめ、当事者意識を持ち、解決策を見いだし、行動に移せるようサポートすることが基本になる。

◉自分が手本となる

社内にアカウンタビリティを定着させたいなら、まずは自分が手本にならねばならない。自分の決定や行動が生み出す状況に対し、自分自身のアカウンタビリティを示す必要がある。

自分ではどうにもできないこと

どうにもできない事柄	どうにもできない程度

悪い手本を示してしまうと、自分だけでなく組織全体を〈ライン下〉に落としかねない。

ウォール・ストリート・ジャーナル紙に、「責任を押しつける上司にうんざりする社員」という記事が掲載されていた。自分の失敗を部下のせいにするという、悪い上司の見本について論じたものだ。

困った上司の中でも、「部下のせいにするタイプ」は最も厄介である。なすりつけられた罪を何とかしようにも、組織に属する者の本能を駆使して慎重に判断しなければならないし、ある程度のリスクも覚悟せねばならない。それでは、歯ぎしりしてぬれぎぬを我慢する人が多いのもうなずける。

筆者の調査でも、最悪な上司の一位は「部下のせいにする上司」であった。〈ライン下〉の態度で部下に接していると、しばらくの間は居心地がいいだろう。だがいずれ、部下の信頼を失い、協力関係が壊れ、最大限の成果をあげようと思う者がいなくなる。部下のせいにするような上司のいる職場は、「誰かのせいにすればいい」という空気になる。

部下のアカウンタビリティの手本となるのが〈ライン上のリーダー〉としての正しいあり方である。自らの部下に対する言動のすべてにアカウンタビリティを示すことが重要だ。

しかし部下の行動の一つひとつに、アカウンタビリティの有無を確認するような真似は避けたい。相手を苛立たせるばかりである。

指導のタイミングをうまく計ることが大切だ。不用意に介入しては、相手の自尊心を傷つけたり、場合によっては怒らせたりしてしまう。リーダーシップには細やかな気遣いが欠かせないことを、今一度肝に銘じておきたい。

ジャック・ウェルチに関する著作の中で、ゼネラル・エレクトリック（ＧＥ）ＣＥＯ時代の記述については、ノエル・ティシーとストラトフォード・シャーマンの共著『ジャック・ウェルチのＧＥ革命』（小林規一訳、東洋経済新報社刊、一九九四年）が一番心に残った。ウェルチがＧＥで行った本当の意味での変革が描かれており、その焦点はアカウンタビリティの追求だったのだ。

ＧＥの目覚ましい変革の物語は、経営者と非経営者が共に幸せになることが肝心だと教えてくれる。

有益なビジネス戦略よりも、自分の運命を支配する力のほうが大切なのだ。個人であれ企業であれ国家であれ、運命を支配することは責任の本質であり、それができなければ絶対に成功しない。世の中が絶えず変化するように、われわれもまた、絶えず変化しなければならない。われわれにある最も偉大な力は、自らの運命を切り開く力であり、自らを変えることのできる力である。

これこそが〈ライン上のリーダーシップ〉である。ウェルチは、社員の能力を引き出すことを第一目標に掲げた。そして「たとえ苦しいときであっても、自信と公正な心を忘れることなく、断固たる決意を持って現実を直視する」ことを信条とした。果たして簡単だっただろうか。そんなわけがない。

ウェルチはその難しさを次のように述べている。

私は数々の間違いを犯してきたが、なかでも最大の間違いは、迅速に動かなかったことだ。古い絆創膏を剥がすときでも、一気に引き剥がすよりも、ちびちび引っ張るほうがずっと痛みを伴う。

もちろん、何かを傷つけないように、組織に無理をさせないようにと気をつけねばならない。しかし、それがなくても、人は、なかなか思い切った行動はとれないものである。

誰しも、人から好かれたいし、物わかりのいい人間だと思われたい。だから、躊躇する。だが躊躇していては、傷を広げるばかりか、競争力も失ってしまう。

本当なら半分の時間ですべてできたはず、とウェルチは言う。

ＧＥのような企業を経営するとなると、最初に恐怖心がくる。自分が駄目にしてしまうのではないかと怖くなる。リーダーらしくないと思うかも知れないが、実際はそんなものだ。経営者は、仕事を終えて家に帰っても、ずっとその恐怖心にさいなまれる。「自分がこの会社を潰してしまうんじゃないか」ってね。今にして思えば、私は用心するあまり臆病になっていた。

ジャック・ウェルチのように、有能なリーダーは自分自身と組織を〈ライン上〉に導こうと懸命に努力する。〈ライン下〉に落ちていると気づけば、断固たる決意と細心の注意を持って引き上げる。組織を〈ライン上〉に導くには、次のような態度を心がけるといい。

- **常に「他に何ができるか？」と自分自身に問いかけ、求める結果を出そうと努める。**
- **部下に対しても、「他に何ができるか？」と常に問い続けるよう促す。**
- **自分が〈ライン上〉の態度がとれているかどうか、周囲の人に意見を求める。**
- **〈ライン下〉に落ちている人には、正直かつ前向きなフィードバックを提供する。**
- **部下からの進捗報告をただ待つのではなく、部下の活動に目を配り、積極的にコーチする。**

上司への進捗報告は絶対に怠らない。

・自分たちでどうにもできない事柄ではなく、自分たちで対処可能な事柄に集中して議論を進める。〈ライン下〉に落ちているときはそうと自覚し、周囲から指摘されても過剰に反応しない。

こうした行動がとれるようになったリーダーは、〈ライン上〉の態度の手本を示していると言える。では、部下を〈ライン上〉へ導くコーチングについて見ていこう。

⦿〈ライン上〉へ導くコーチング

アカウンタビリティを目覚めさせるには時間がかかる。これをすれば目覚める、という決め手はない。アカウンタビリティという概念に触れさせて理解させれば、二度と〈ライン下〉に落ちることはない、というのは誤解である。また、具体的な出来事を例に挙げて「こういうときにアカウンタビリティが生じる」などと教えても、何の意味もない。

この手の勘違いをするリーダーは、〈ライン下〉に落ちた人に「おい、落ちてるぞ」と釘を刺す道具としてアカウンタビリティを持ちだす。そんな形でアカウンタビリティを持つよう促されても、被害者意識が強くなるばかりである。

アカウンタビリティを押しつけるのではなく、アカウンタビリティを持つことは自信につながると自覚させるように導かなくてはいけない。被害者ぶった態度は見過ごせないとはいえ、適宜フォローアップしながら根気よく育てる気持ちがコーチングには欠かせない。

人にはそれぞれの考え方や性格があり、そう簡単に新たな視点を受け入れることはできないものだ。しかも、「上司」というこの上なく緊張する相手に追い詰められたらなおさらだ。「私が正しくて、君は間違っているんだよ」というような強い態度に出ると、相手は「否定された」気持ちになる。相手に「受け入れられている」と感じさせるには、「この問題を一緒に解決しよう」という具合に、威圧しないよう繊細に気を配りながら、指導する意志を明確に表すといい。

また、部下の能力を引き出そうとコーチしているからといって、相手の信頼が自動的に得られるとは限らない。以前に被害者意識を抱くような出来事があったり、フィードバックが習慣づいていなかったりする場合は特に、何か別に目的があるのではないかと勘ぐられるかもしれない。この可能性を心に留めて、コーチングに臨んでほしい。

被害者意識による言い訳をする相手にコーチする場合は、左記の手順で進めるといい。

①相手の話に耳を傾ける

被害者意識にさいなまれた態度だと意識しながら話を聞く。相手の言い分は同情的に聞く。

②相手の事情を受け入れる

相手が結果を出せていないのは、被害者としての視点で事実を見ているせいかもしれない。とはいえ、被害者意識を乗り越えるのは難しいと自分に言い聞かせ、相手の気持ちに理解を示すことだ。乗り越えねばならない問題の存在を認め、どんな人にもつらいことは起きるものだと同意を示す必要がある。

③相手に質問する

被害者の立場からの話や言い訳にいつまでもこだわっているようなら、少しずつアカウンタビリティの観点に立って考えられるように話を持っていく。

「求める結果を出すために何ができる?」「その状況を変えるために何ができる?」と、タイミングを計って問いかける。

④コーチする

相手が自ら現状を把握し、求める結果を手にする方法を考えるようにするには、〈アカウンタビリティのステップ〉を説明しつつ話を進めるとよい。

具体的な例を挙げて〈オズの原則〉について話す。自分自身が〈ライン下〉に陥ったときの話も交えたほうがいい。

〈ライン下〉に落ちるのは誰にでもあることだと念を押しつつ、だからといってそこに留まっていては何も生み出さないのだと伝える。〈ライン上〉にのぼって成果をあげる過程を、〈現実を見つめる〉〈当事者意識を持つ〉〈解決策を見いだす〉〈行動に移す〉の四つのステップとあわせて説明する。相手の状況にも四つのステップを当てはめてみる。

⑤コミットする

〈ライン上〉にのぼるための計画作りを促し、途中経過を報告させるようにする。必ず、次回のセッション日程を決める。間隔はあけすぎないほうがいい。次のセッションに相手が現れなかったら、こちらから声をかけにいく。フォローアップのコーチングセッション中は、相手の様子を観察し、話を聞いて理解に努めると同時に、折にふれては質問を投げかけ、〈ライン上〉へのぼることを促す。

愛情を持って正直なフィードバックを提供し、改善が見られるたびに褒めよう。

以上のような〈ライン上〉に向かうためのコーチングを始めると、途中経過に対してもアカウンタビリティを持つことの大切さを実感する。次に、途中経過に対するアカウンタビリティについて見ていこう。

⦿途中経過をフォローアップする

理想を言えば、各自が自分の責任を認識し、アカウンタビリティのコーチングなど必要ないのが望ましい。だが、現実にはそうはいかない。人は過ちを犯すものなので、リーダーは常にコーチングに努めねばならない。

コーチングは現在と未来に向けて行うものだが、現在に至るまでの過程を振り返ることも必要である。これをうまく行えば、目標にどの程度近づいているか確かめることや、過去の経験を生かすことも可能で、一定の達成感も得られるし、結果を得るためにできることが見えるようにもなる。

各自が自分の行動に対してアカウンタビリティを持つよう促すにあたっては、リーダーが次のような態度をとっていてはいけない。

- 定期的に報告を求めず、各自が自分の進歩を認識しているだろうと期待して放っておく。
- 人間関係が壊れることを恐れて、気まずくなりそうなことを口にしない。

・目標達成の邪魔になっているものの根源を突き止めようとしない。解決できないと決めつけて無視している。
・現実逃避の言い訳を、そうとわかっていながら受け入れる。時間がたてば何とかなると考える。
・別の仕事にかまけて経過確認をなおざりにする。結果が出るのをただ待つという姿勢。
・経過報告の重要性を部下に伝えない。上司の意識が低ければ、部下の意識も低くなる。
・経過報告の意義を明確に説明しない。意義が曖昧だと、曖昧な報告でも受け入れてしまう。
・報告の日時や頻度を決めない。部下が報告してくれれば受けるというスタンス。
・経過報告を、成果に向けたコーチングの一環として活用していない。褒める、またはけなすための材料としか見ていない。
・アカウンタビリティを持つことは苦しい思いをするものだと思い込んでいて、部下に必要以上に厳しくする。

こうした態度を克服した上で、途中経過に対するアカウンタビリティを部下に教えれば、素晴らしい効果が期待できる。

部下は結果を出すためにできることを探し、目標達成に役立つ情報があれば共有し、組織にとって本当に必要なことに気づく、そんなふうになってくれる。そして、アカウンタビリティのコーチングについても、「自分や組織を高めるための経験」だと、前向きに受け止めるようになる。

〈ライン上のリーダー〉は、〈ライン上〉のアカウンタビリティを自分の態度で示しながら、相手にも同じことを要求する。〈ライン上〉と〈ライン下〉ではアカウンタビリティがどう違うか、左記に比べてみた。

〈ライン下〉にいる人の特徴

・言われたときだけ報告する。
・自分の活動を正当化したり、言い訳したりする。
・報告を求められると姿を隠す。
・芳しくない結果について、自分以外の誰か（何か）のせいにする。
・改善を提案されるといい顔をしない。

〈ライン上〉にいる人の特徴

・定期的に丁寧に報告する。
・自分の行動を振り返り、結果を出すためにできることを探そうとする。

・報告を求められればきちんと対応する。
・状況を自分のこととしてとらえている。
・フィードバックに感謝する。

◉〈ライン上〉のリーダーシップ

リーダーのアカウンタビリティが〈ライン下〉に位置するようなものだと、部下にもそうした態度が伝染する。しかし、〈ライン上〉のアカウンタビリティを示せば、組織全体がそれに続く。〈ライン上のリーダーシップ〉を発揮する際に、やるべきこととやってはいけないことを一覧にまとめたものが、二三七ページのチェックリストである。この一覧で自らの態度を折に触れて振り返り、常に良い手本となれる態度を維持してもらいたい。

〈ライン上のリーダーシップ〉をマスターすれば、組織全体のアカウンタビリティを一段と高めることができる。だがその前に、ドロシーたちが自ら持つ力に気づくのに要した時間について考えてみてほしい。

善い魔女グリンダは、旅全体を通して、適切なコーチングとフォローを行った。〈ライン上のリーダー〉も、部下が自分の力で成長できるような指導を心がけることが大切だ。

〈ライン上のリーダーシップ〉チェックリスト

―自分が以下のようにしているかどうかをチェックしてみよう。―

□ アカウンタビリティの手本を示している。自分で引き受けない責任は他人にも課さない。

□〈ライン下〉の態度を許すことはあるが、あくまでもストレス発散としてである。被害者的な話や言い訳を受け流すことはしない。

□ 被害者的な話や言い訳に敏感になる。部下のアカウンタビリティを育て、〈ライン上〉の態度を要求することから逃げない。

□ アカウンタビリティは、結果を出す自信を高めるものである。〈ライン下〉の態度を指摘する道具としてアカウンタビリティを持ちださない。

□ 自分自身が〈ライン上〉にのぼらねばならないときは、周囲にコーチングを要求する。ただし、必要もないのに、むやみにコーチングを要求しない。

□ 人にすすめることは自分でも実行する。自分はアカウンタビリティを高める必要はない、という考え方はしない。

□ アカウンタビリティだけに気をとられ、その他をなおざりにすることは避ける。すべてにアカウンタビリティを持たせようとしない。どうにもできないことは絶対にある。

□ 相手の話を聞いて状況をよく把握する。質問しながらの指導が大切。コーチングにあたるときは全力を尽くす。アカウンタビリティが一朝一夕で身につくとは考えない。

自らの態度で彼らに手本を示し、過度の干渉を避けつつ必要に応じて指導する。各自の力でできることに集中させて〈ライン上〉へと導きながら、途中経過に対しても責任を持つ。これが優れた〈ライン上のリーダー〉のあり方である。

第9章 組織全体を〈ライン上〉へ導く
――エメラルド・シティを越えて

グリンダはブリキの木こりのほうに向いて、

「ドロシーがこの国からいなくなったら、あなたはどうするつもり？」と尋ねました。

木こりは斧によりかかってしばし考え込んでから、こう言いました。

「悪い魔女が死んだあと、ウィンキーたちから西の国を治めてほしいと頼まれました。ウィンキーにはとても親切にしてもらいましたし、私も彼らが大好きです。もう一度西の国に戻れるなら、あの国をずっと治めていきたいです」

「では、空飛ぶサルに、ウィンキーの国まで送り届けてもらいましょう。それを二つ目の願いとします」とグリンダは言いました。

「あなたならきっと、西の国をうまく治めることができますよ」

⦿アカウンタビリティを組織に定着させる

自分にハートがあると気づいたブリキの木こりは、そのハートを人々と分かち合うことを選んだ。この選択はアカウンタビリティの最高のあり方だと言える。

組織にあっても同じことである。アカウンタビリティを身につければ、自分の地位や立場は気にならなくなる。被害者意識の悪循環にさいなまれる社内の人間に〈オズの原則〉を広め、〈アカウンタビリティのステップ〉に足を踏み入れるよう後押しを始めるといい。

上司、部下、同僚をはじめ、組織内外すべての関係者に本書で学んだことを伝えれば、組織全体がアカウンタビリティの恩恵にあずかることになる。

本章では、アカウンタビリティを生み出し、維持するために有効な、次の五つの活動について触れていく。これらを実践すれば、組織にしっかりとアカウンタビリティが定着する。

①組織にいる全員をトレーニングする
②アカウンタビリティをコーチする
③〈ライン上〉に留まるための問いかけをする
④アカウンタビリティに報いる

⑤アカウンタビリティを植えつける

この五つは、アカウンタビリティを社内に根付かせる土台である。筆者がコンサルタントで関わった中には、〈ライン上〉への移行を加速させた見事な取り組みを行った企業もある。ここではそうした例も紹介していきたい。

①組織にいる全員をトレーニングする

アカウンタビリティを生み出すにはトレーニングが必要である。それも、役員から新入社員までの全員に、アカウンタビリティと成果との関係を理解させねばならない。この関係性に気づいている人は少ないはずだ。

だが、ひとたび理解すれば、〈ライン下〉に落ちて被害者意識の悪循環にとらわれる頻度はぐっと減る。この気づきを与えるには、

ステップ1　組織のアカウンタビリティの現状を理解させる
ステップ2　アカウンタビリティへの認識を改めさせる
ステップ3　アカウンタビリティを「当たり前」にする

という三つのステップに分けてトレーニングする必要がある。

ステップ1　組織のアカウンタビリティの現状を理解させる

アカウンタビリティを理解させるには、相手が現時点でアカウンタビリティというものをどうとらえ、どう実践しているかを最初に知る必要がある。

とらえ方は人それぞれだろうが、肯定的にとらえている人は少数だと思って間違いない。恐怖心を覚える人、逃げたいと思っている人、自分には縁がないと思っている人などさまざまである。

「これは誰の責任だ?」という台詞を社内で耳にするなら、〈ライン下〉に落ちている人がいる証拠だ。「責任」の定義を尋ねると、たいていはこんな答えが返ってくるものだ。

「まずいことになったときに降りかかってくるもの」
「悪いことをした報い」
「自分の行いの理由を説明すること」
「上司から割り当てられるもの。誰かからもらうものであって、自分に元々あるものではない」

「嫌なイメージがあります」

「厄介なもの」

「部下の業績にプレッシャーをかけるための上司の道具」

「業績の悪い人を罰すること」

「上司に押しつけられるもの。余計なプレッシャーや恐怖心、後悔の念、罪悪感、怒りを生む原因」


こうした意見を見ていると、責任とは絶対に患いたくない病気のように思えてくる。責任に対してこれほどマイナスのイメージが定着していては、目標達成に向かわせる役割をほとんど果たしていないのもうなずける。

このようなとらえ方が蔓延している組織にアカウンタビリティを生み出すには、どうすればいいか。それには、自分たちが抱いている責任のイメージが間違ったものだと認識させ、そのままではいくら時間と労力をかけても報われないと示すことから始めねばならない。

社内で「責任」がどうとらえられているか知るには、以下のテストを使うといい。まずは自分でやってみてから、他の人にも答えてもらおう。

〈組織のアカウンタビリティ度〉テスト

	一度もない	たまにある	時々ある	よくある	いつもそうだ
1. 社内でトラブルが起きたとき、他人を責めている人を見たことがある。	1	2	3	4	5
2. 仕事の内容ややり方にアカウンタビリティを持っていない人がいると感じる。	1	2	3	4	5
3. 活動内容や途中経過の報告を率先して行っていない人がいると感じる。	1	2	3	4	5
4. 「ボールが落ちても飛びつかない」人がいると感じる。	1	2	3	4	5
5. 組織に深刻な問題が生じたとき、そのうち何とかなるだろうと「様子見」をする人がいると感じる。	1	2	3	4	5
6. 「自分ではどうにもできない」「自分にできることはない」という言葉を耳にする。	1	2	3	4	5
7. 問題があったときのために言い訳を用意しておく人がいる。	1	2	3	4	5
8. 目標を達成することよりも、活動そのものに責任を感じている人が多いと感じる。	1	2	3	4	5
9. 「自分の仕事ではない」「うちの部署には関係ない」との言葉を耳にしたり、他の誰かが何とかするだろうという姿勢を感じたりすることがある。	1	2	3	4	5
10. 社内で問題が生じたとき、社員の当事者意識が低いと感じる。	1	2	3	4	5

合計　　　　　点

〈組織のアカウンタビリティ度〉テスト：判定表

合計	評価
40~50点	〈ライン下〉の企業風土が見受けられる。個々が自己中心的に働き、それがそのまま会社の風土になっている。改善したいという意識を強く持って取り組む必要がある。
30～39点	〈ライン下〉に陥っている時間が長く、会社の姿勢にも個人の仕事ぶりにも甘さがある。責任を前向きにとらえようとしている兆しはあるが、〈ライン上〉に完全に移行するにはかなりの努力を要するだろう。
11～29点	〈ライン上〉の企業風土が見受けられる。社内全体に前向きなアカウンタビリティの定義をたたき込めば、さらに組織の効率が増すだろう。
0～10点	〈ライン上〉に留まる企業風土がしっかり定着している。ライン下に陥らないよう気をつけている限り、素晴らしい成果をあげ続けるだろう。

〈ライン下〉の視点に気づけるようになるには、責任の本当の意味を認識し、他の人が〈ライン下〉の態度をとっているのを見て、それがどの程度のものか気づけるようになることが重要である。

責任の本当の意味を理解せずして、責任に対する悪いイメージが払拭されることはあり得ない。どんなにアカウンタビリティの高い組織であっても、〈ライン下〉に落ちるときはある。それを思えば、〈ライン下〉の言動には常に警戒する必要がある。

ステップ２　アカウンタビリティへの認識を改めさせる

それまで抱いていた認識を改めて、新たな態度や振る舞いを身につけるには時間がかかる。だが、それをしないと、組織全体が〈ライン上〉へ移行する土台が築けない。

全員が責任を前向きなものとしてとらえることができるようになって初めて、目標を達成する力が最大になる。ステップ１をクリアして初めて、〈ライン上〉の態度が持てるようになるのだ。そして会社としての業績の向上に結びつく。

アカウンタビリティの認識が社内で一致していないと、〈ライン下〉の態度が抵抗勢力となって居座り続けることになってしまう。

アカウンタビリティの概念を新たにとらえ直すには、以下のことが大切である。

・被害者意識の悪循環とその悪影響を理解する。
・〈ライン下〉に陥ったと気づけるようになる。
・被害者意識の悪循環にとらわれていると気づけるようになる。
・〈オズの原則〉における責任の定義を受け入れ、〈アカウンタビリティのステップ〉をのぼる必要性を理解する。
・会社としての目標の達成にもアカウンタビリティを持つ。
・〈現実を見つめる〉〈当事者意識を持つ〉〈解決策を見いだす〉〈行動に移す〉ことのそれぞれの意味を理解する。
・〈ライン上〉にいることの効果を理解する。
・会社が期待する結果に対し、責任を引き受ける。

組織内の全員にアカウンタビリティの認識を改めさせることができれば、組織の最大の力を発揮させることができ、最大の結果を出すことができる。頭で理解するだけでは不十分である。心の底から同意し、コミットしていなければならない。

それには、新たなアカウンタビリティを意識させる研修を行うといい。そのうえで、実際の日常業務でも常に意識させるようにすれば、各自のアカウンタビリティは着実に新しいものへと変わっていく。

ステップ３　アカウンタビリティを「当たり前」にする

このステップをクリアするには、〈ライン下〉の態度を捨てて〈ライン上〉の態度を維持するようにと、相手に常に働きかけ続ける必要がある。

自分の内面を見つめ、充実したフィードバックのやりとりを重ねていかないと、なかなか〈ライン上〉の態度を維持したいと思うようにはならない。熟考とフィードバックを続ければ、考え方や行動をどう変えればいいか具体的にわかり、変えるために何をすべきかも見えてくる。

〈ライン上〉に留まりたいという気持ちを育てるには、フィードバックが一番である。それだけに、フィードバックの有効なやりとりの仕方を身につけねばならない。

やりとりの仕方については後ほど詳しく解説するが、その前に強調しておきたいのが、イメージと言葉の表現の重要性である。被害者意識の悪循環と〈アカウンタビリティのステップ〉との違いを明確に認識してもらうには、具体的なイメージや言葉を使って説明することが重要なのだ。

抽象的な概念について考えるよりも、具体的なイメージがあったほうが理解しやすいので、〈オズの原則〉に関わる具体的なイメージや言葉を積極的に駆使して話をし、そうしたイメージや言葉に対する共通理解を生むよう心がけるといい。

そうすれば、〈ライン下〉というだけで「被害者意識の悪循環に陥っている人」が思い浮かび、〈ライン上〉と言えば「目標達成を念頭に置いている人」のことだとわかる。また、〈現実を見つめる〉〈当事者意識を持つ〉〈解決策を見いだす〉〈行動に移す〉といった言葉を聞けば、「結果を出そうとする態度や行為に関係することだ」とすぐにピンとくる。

厄介な状況であっても、〈ライン上〉と聞けば、関係者が一丸となって〈ライン上〉にのぼろうという意識が芽生えるようになる。

また、業績評価や意思決定、方針作成、メンタリング、日常的なコミュニケーション、通常業務といった日々の活動に対し、どうアカウンタビリティを持って臨むかと考える場合にも、〈オズの原則〉に関わるイメージを持っていたほうが取り組みやすい。

自己を振り返って〈ライン上〉へのぼる決意を固め、フィードバックのやりとりを行いながら、アカウンタビリティについて具体的なイメージで理解して自分の仕事に当てはめる。そのうえで、ステップ２で身につけたアカウンタビリティを、組織のすみずみにまで行き渡らせようと常に意識していれば、アカウンタビリティが定着し、それに沿って物事を考え、態度で示すようになる。組織全体がそうなれば、目標達成率が上がり、業績全体が大きく向上する。

②アカウンタビリティをコーチする

経験から言って、フィードバックを定着させることなしに、〈ライン上〉に留まれる組織は存在しない。アカウンタビリティを高めるため、**継続的なフィードバックを、企業風土としてしっかりと根付かせる必要がある。**ここまでにもフィードバックの大切さを訴えてきたが、あらためてフィードバックを継続的なコーチング・プログラムにどう取り入れるべきか、考えていきたい。

率直かつ丁寧なフィードバックをタイミングよく提供すれば、提供された人が〈ライン下〉に落ちていると気づくきっかけとなり、アカウンタビリティを身につけて〈ライン上〉へのぼりやすくなる。

したがって、アカウンタビリティを企業に浸透させることは、まず、そうしたフィードバックのやりとりが当たり前に存在する環境づくりから始まる。

フィードバックはさほど丁寧である必要はないが、簡潔明瞭で建設的であることが望ましい。〈ライン下〉に落ちていると遠回しに（またははっきりと）責めるのと、〈ライン上〉にのぼることの重要さを教えるのとでは微妙に違う。

ある企業のマネジャー、ビル・ハンセン（仮名）を例に挙げよう。彼は、アカウンタビリティを身につける大切さを実感し、社内に浸透させたいと考えていた。

ある日のマネジャー会議で、同僚のスタンが担当するプロジェクトの状況報告があった。スタンの報告には、プロジェクトの遅れを他人のせいにする部分が多々あった。それを聞いていて、ビルは「スタンは〈ライン下〉にとらわれている」と感じた。

そして、他のメンバーはスタンの報告にどんな反応を示しているのか様子をうかがった。すると、ビル以外の全員が、スタンの言い訳を肯定的に受け入れているようだった。アカウンタビリティが低かったころのビルなら、スタンの言い訳を受け入れていただろう。だが、今のビルにとっては違和感を感じるものでしかなかった。

果たしてこの思いを皆に伝えるべきだろうか。スタンの報告に疑問を投げかけられるのは自分しかいないだろう。でも、それをすると、他のマネジャーが腹を立てるかもしれない、との懸念もあった。

率直な意見を述べれば、自分の立場が微妙になるかもしれない、かといってこのままでは、みんな〈ライン下〉に落ちたままになってしまう……。

だが、ビルはにわかに気がついた。

「みんなだけじゃない。私も〈ライン下〉にとらわれているのと同じだ。私には、ここで口を開き、会社全体を〈ライン上〉へのぼらせる責任がある」

そう思ったビルは、どうやって話を切りだそうか考え始めた。スタンに対し、彼の報告は被害者の立場からの話だと指摘すればいいのだろうか？　それでいいのかもしれない。だが、アカウンタビリティを他人を攻撃する道具にしてはいけないとも教わった。

どうすべきか悩みながら、ビルはふと、他にも自分と同じ気持ちでいるマネジャーがいるかもしれないと思った。もしそうなら、ビルが話を切り出しても、うまく話し合いが進むかもしれない。でも、ビルと同じ気持ちのマネジャーがひとりもいないなら、スタンには別の機会に二人きりでコーチしたほうが賢明だろう。

そんなことを考えていると、マネジャーの一人であるジュリーが手を上げた。「さっきから聞いていて思ったのだけど」と彼女は口を開いた。「スタンのプロジェクトが問題を抱えているのはわかるわ。でも、成功に持っていくために、スタンも私たちも、他に何かできることはあるんじゃないかって思うの」

この意見こそ、まさにビルが言いたかったことだ。これ以上ふさわしい言葉はない。彼女の発言を聞いた瞬間、ビルは自分が口火を切らなかったことを恥じた。

ジュリーが発言し終えると、途端に会議室にさまざまな意見が飛び交った。スタンを責めるどころか、何とか彼の力になろうとみんなが知恵を絞った。どうやら、ほぼ全員がビルと同じ気持ちでいたようだ。ただ、ジュリーだけが、信念に従って行動する勇気を持ち合わせていたのだ。

会議の終了間際に、社長がジュリーを名指しで称賛した。

「彼女が見せたリーダーシップこそ、今のわが社に最も必要なものだ」

この会議はビルにとって貴重な経験となった。もう二度と、主張をためらうことはないだろう。

人は、批判者ではなくコーチからの誠実で率直なフィードバックには好意的に応じるものだ。そしてコーチは、相手の目標達成を願うと同時に、コーチ自身に対するフィードバックをも積極的に受け入れる態度を持っている必要がある。

フィードバックを使ってコーチングをするときは、自分が〈ライン上〉の態度をとっているか、十分に確認しよう。優れたコーチは、相手に求めることを自分にも課すものである。

③〈ライン上〉に留まるための問いかけをする

本書では、「他に何ができる？」と問い続けることが重要だと繰り返し強調してきた。ここで、他にもいくつか大事な問いかけを加えておきたい。どれも、個人だけでなく、部や課などのグループにも有用で、組織のアカウンタビリティを高めるのにも役立つものだ。

それに、現状を細部にわたって理解する助けにもなる。二五五ページで紹介する一〇の問いかけの他に、自分なりのチェック項目を加えてリストにまとめ、〈ライン上〉に留まるためのチェックリストにするといいだろう。

カスタマイズされた〈ライン上〉に留まるためのチェックリストを作成したら、自分の進み具合のチェックや、厄介な問題の解決に役立てるとよい。こうした問いかけをすることで、自然と〈ライン上〉の言動が身につく。

製薬会社ファイザーに務めるクリント・ルイスが、ブルックリン営業所の販売マネジャーを担当していたとき、彼の販売チームは全五七営業所のうち最下位だった。

クリントが部下に話を聞くと、「精一杯やっています」「数字が間違っているんじゃないですか」といった言葉が返ってきた。クリント自身も、目標数値を達成できないことに苛立ちを感じていた。

そんなある日、クリントは本書の旧版を読んだことから、「自分自身を見つめることができなければ、いつまでたっても業績は改善できない」と考えるようになった。成功に対する責任を担えば、成功はついてくる――そう彼は気づいた。

間もなく、クリントは会議や一対一の面談を通して、アカウンタビリティの概念を部下に示

〈ライン上〉に留まるためのチェックリスト

□ 現状を見たとき、今後、〈ライン下〉に引っ張られることになりそうな要素は何か。

□ 自分たちの力で変えられることは何か。どうにもできないことは何か。

□ 〈ライン下〉に落ちてしまっていないか。

□ 自分の責任なのに、見て見ぬふりをしている部分はないか。

□ 責任を共有するとよい部分はどこか。

□ 当事者意識を持つと、われわれはどんな行動ができるだろうか。

□ 会社を確実に〈ライン上〉に留めるためには、何をしなければならないか。

□ 関係者の中で、当事者意識の低い人はいないか。

□ 目標達成の責任者は誰か。達成までの期間はどのくらいか。

□ 最近の経験から、前に進むときに役立つものとしてどんなことを学んだか。

し始めた。すると、皆の心持ちや仕事の取り組み方に少しずつ変化が現れた。「他に何ができる？」がクリントの販売チームのスローガンとなった。

一年後、ブルックリン営業所の売上成績は大幅に向上し、従業員の態度も大きく変わった。会議では積極的に意見が交わされるようになり、前向きに物事を考えるようになっていた。

売上は毎年大きく伸びていき、とうとう五七営業所中トップになった。その後も何年にもわたって、トップテン内をキープした。この間にクリントは昇進を重ね、ついには販売部門の担当役員にまでのぼり詰めた。

だがそれ以上にクリントにとって嬉しかったのは、最下位のときの部下が、次々に重責を担う立場へ昇進したことだった。「他に何ができる？」は、今なおブルックリン営業所のキーワードとなっている。

④アカウンタビリティに報いる

ウィンストン・チャーチルはかつてこう言った。

「最初はわれわれが仕組みをつくる。だがそれからは、仕組みがわれわれをつくるのだ」と。

ここでいう「仕組み」は、そのままアカウンタビリティに置き換えられる。企業文化の柱としてアカウンタビリティを永続的に組み入れたいなら、組織のすみずみまで浸透させるよう努めねばならない。

企業にスリム化と行動力が求められる今の時代であっても「システムに逆らうことはできない」「余計なもめごとを起こすな」「長いものには巻かれろ」という言葉はよく耳にする。要するに、現状の仕組みがあまりにも根深く定着しているため逆らえない、ということだ。

だが、アカウンタビリティを高めるには、現状の仕組みを変えてアカウンタビリティを浸透しやすくさせねばならない。企業風土は、組織の人間の行動に大きな影響を及ぼす。公認であれ黙認であれ、〈ライン下〉の態度が社内で認められているなら、その態度は簡単にはなくならない。

アカウンタビリティを社内に定着させるには、〈ライン上〉の行為や姿勢に気づき、それをきちんと評価することが大切だ。「何をいまさら」と思うかもしれないが、その効力の偉大さを見過ごしている経営陣は実は非常に多い。

〈ライン上〉の態度は、人事考課や昇進査定時の評価対象とすべきである。また、特に力を入れるべきなのは、日々の業務の中で、〈ライン上〉にのぼってそのまま留まろうとする姿勢を評価し、報いることである。

ある企業では、各部門の担当役員がアカウンタビリティのコーチングを担当していた。同社のＣＥＯは、幹部会議で必ず三〇分の時間をとり、役員たちにコーチングの成功談を披露させていた。

大事な幹部会議でわざわざ時間を割くことにより、アカウンタビリティのコーチングに重きを置いているのだと、会議のメンバーにもその他の社員にも伝わった。その結果、役員以外の幹部も、アカウンタビリティのコーチングに力を入れ始めた。同社のＣＥＯは、組織全体に〈ライン上〉の態度を浸透させる機会をうまく見いだし、浸透を成功させたのである。


また、別のある会社では、幹部の前でアカウンタビリティに対する姿勢を確認するという方策をとった。毎週金曜日の朝、社員何名かを定例幹部会議に呼び、それぞれの業務活動を発表させるのだ。

いつ呼ばれるかは事前に知らされるので、社員は十分に時間をかけて発表の準備をする。そして、発表の後には、同僚たちに会議の様子（誰が何と言ったか、誰から質問を受けたか等）を話す。この仕組みにより、〈ライン上〉の態度を定着させたいという経営陣の本気度が、目に見える形ではっきりと社内全体に伝わることとなった。

もちろん、経営側も、自分たちが十分な心構えをして臨む必要があるとわかっていた。何も特別な準備を必要とするわけではない。大事なのは、発表に対する姿勢である。

ただ発言を聞いて批評するのではなく、アカウンタビリティのステップを説明して責任の共有の大切さを強調し、〈ライン下〉の態度をとっていないか探り、発表者を〈ライン上〉へと導くよう心がけた。そして何よりも、社員が〈ライン上〉に到達したことを察知して称賛し、評価した。それに、経営陣が〈ライン上〉の態度を直接指導することもあった。

毎週の会議で、目標達成に向けて積極的に取り組む姿勢に注目することになるので、自然と、リスクを負うことや他の部署との連携、問題解決、社内の風通しの大切さが意識されるようになった。

この会議での発表のことが口づてで広がるにつれ、社内が活気づいていった。失敗を責める声は上がらなくなり、目標達成の勢いが増した。発表の場での経営陣の責任感ある態度も話題になった。幹部の前で発表させることに正直不安はあったが、万事うまくおさまった。

高いレベルのアカウンタビリティを社内に定着させるには、次の四つの方法を用いるのも有効だ。

アカウンタビリティを定着させる四つの方法

❶トリガーとなる言葉を用いる

〈オズの原則〉を学んだ人にとっては、〈ライン上〉や〈ライン下〉などの用語が行動の指針となる。彼らは〈アカウンタビリティのステップ〉や被害者意識の悪循環に関係する用語を聞けば、それに見合った態度をとる。

ある企業では、『オズの魔法使い』の登場人物になぞらえて社員を表彰する「オズカー」賞を設けている。〈現実を見つめる〉姿勢に秀でていた人には勇気の象徴であるライオンのミニチュアが、〈当事者意識を持つ〉ができている人にはハートを象徴する木こりのミニチュア、〈解決策を見いだす〉ができた人にはかかしのミニチュア、〈行動に移す〉が実践できた人にはドロシーのミニチュアが贈られる。

これは毎年恒例のイベントとして、社員の励みになっている。もちろん〈オズの原則〉にちなんだ言葉の意味が彼らの胸にしっかりと刻まれていることは言うまでもない。

❷ストーリーを語る

〈ライン下〉に落ちてから〈ライン上〉へ這い上がった話は、大きな刺激になる。実例を語るほうが、論理的に説明するよりも相手の心に響くからだ。〈ライン上〉にのぼって留まることの意義を伝えるのに、実際にのぼった人の話は最適である。

ある技術系企業では、二週間に一度、昼食時間を利用して研修を行っている。日常業務に〈オズの原則〉を取り入れようとする試みである。各自が昼食を持参して集まり、経営陣からの「他にできることは何か？」という問いかけに始まり、会社が抱える問題について話し合ったり、四つの〈アカウンタビリティのステップ〉の実例を紹介し合ったりしている。

❸ロールモデルになる

先にも一度述べたように、あなた自身がアカウンタビリティのロールモデル（手本、模範）となるべきである。他の社員に良き手本を示し、また、そうした態度を示した人を称賛することだ。

各部署、各層に手本となる人物がいるのが望ましい。〈アカウンタビリティのステップ〉をクリアして目標を達成した人物を表彰するといい。そうすれば、アカウンタビリティのロールモデルが社内全体に知れ渡ることになる。

❹〈ライン上〉を意識する機会を与える

社員に〈ライン上〉を意識する機会を与える。〈ライン下〉に甘んじている人に〈ライン上〉を意識させることができれば、特にその効果は大きい。そうすることで、自然と社内全体のアカウンタビリティも高いレベルへ向かう。

あるレストラン・チェーンでは、社員一人ひとりについて、〈アカウンタビリティのステップ〉の達成度を評価した。仕事ぶりを公平で目に見える形で評価したことにより、〈ライン上〉にのぼるためのアカウンタビリティが求められているのだと、全員に意識させることができた。

以上四つの方法を自分なりに組み合わせて取り入れれば、高いレベルでのアカウンタビリティが一段と速く組織に定着する。もちろん、成果の改善も期待できる。

⑤アカウンタビリティを植えつける

〈オズの原則〉におけるアカウンタビリティの定義をもう一度確認しよう。

アカウンタビリティとは、
「現状を打破し、求める成果を達成するまで、自分が問題の当事者であると考え、自分の意志で主体的に行動しようとする意識。すなわち、自分の意志で、現実を見つめ、問題に当事者として取り組み、解決策を見いだし、その解決策を実行しようとする意識」

アカウンタビリティを持つには、まず、その人が責任を受け入れる必要がある。突き詰めれば、アカウンタビリティとは、現実を見つめ、自らを当事者であるとみなし、解決策を見いだし、その解決策を実行しようとする、そんな意識である。

社員一人ひとりのアカウンタビリティを引き出したいと思っている企業は多い。責任を引き受ける人は同僚から尊敬を集め、責任を軽視する人は失望や怒りを買う。後者がはびこる企業だと、満足のいく結果は出せず、延々と犯人捜しゲームが続く。一方、アカウンタビリティの高い企業では、最高の結果を出すことに対して各自が責任を持つ。

リソースは変わらないのに進行中のプロジェクトの数が増えていく、という現象が企業ではよく見られる。プロジェクトを増やすことはあっても減らすことはないようだ。新製品開発プロジェクトを乱立させた挙げ句、どのプロジェクトも完了しなかった、という例もある。

ある企業は、管理できなくなるほど多数のプロジェクトを立ち上げた結果、〈ライン下〉に落ちた。膨大な量の仕事に、人が振り回される形となったのだ。そんな状況では、個人の責任は重荷にしか感じられない。

一四〇のプロジェクトを同時進行していた企業もある。必要なプロジェクトをどんどん追加していっても、各自で優先順位をつけてうまくやるだろうと期待してのことだった。おかげでこの企業には、「新規プロジェクトに協力してほしいなら、既存プロジェクトの進捗をとやかく言わない」という暗黙のルールが生まれてしまった。

幸い、どちらの企業も、仕事の量と個々の責任の関係に気づき、被害者意識の悪循環から抜け出して、〈アカウンタビリティのステップ〉をのぼっていった。アカウンタビリティの大切さに気づいたおかげで、個々の責任に目覚める人が社内に増えていったのである。その結果、未完のプロジェクトがどんどん増える、という事態もなくなった。

アカウンタビリティを企業に浸透させるには、途中経過の報告が重要である。「進捗状況を把握すれば、状況を改善しようとする意識が働く。把握した状況を報告すれば、改善がスピードアップする」と、ある経営者は言う。

とはいえ、押しつけではなく自発的にそう思わせるのはなかなか難しい。〈ライン上〉に留まりたいというモチベーションを上げ、強制せずに自発的に責任を引き受けさせるにはどうすればいいか。その方法を二六五ページの図で表した。

このサイクルについて、解説していこう。

❶達成目標を定める

先に述べたように、求める結果が明確に定まっていなければ、アカウンタビリティは生まれない。ゴールが見えなければ、ゴールを決めることはできない。

この段階では、業務内容だけでなく、得るべき成果についての説明もする。成果を出すことと成果に向けて作業することは混同されがちである。しかも、求める成果のレベルが高いほど混乱する。

何をすれば「ベルが鳴るか」を具体的に提示すれば、達成すべき目標が明確になる。成果についてコーチング対象者と話し合い、その内容のまとめを提出させる。

“アカウンタビリティに目覚めさせるサイクル”

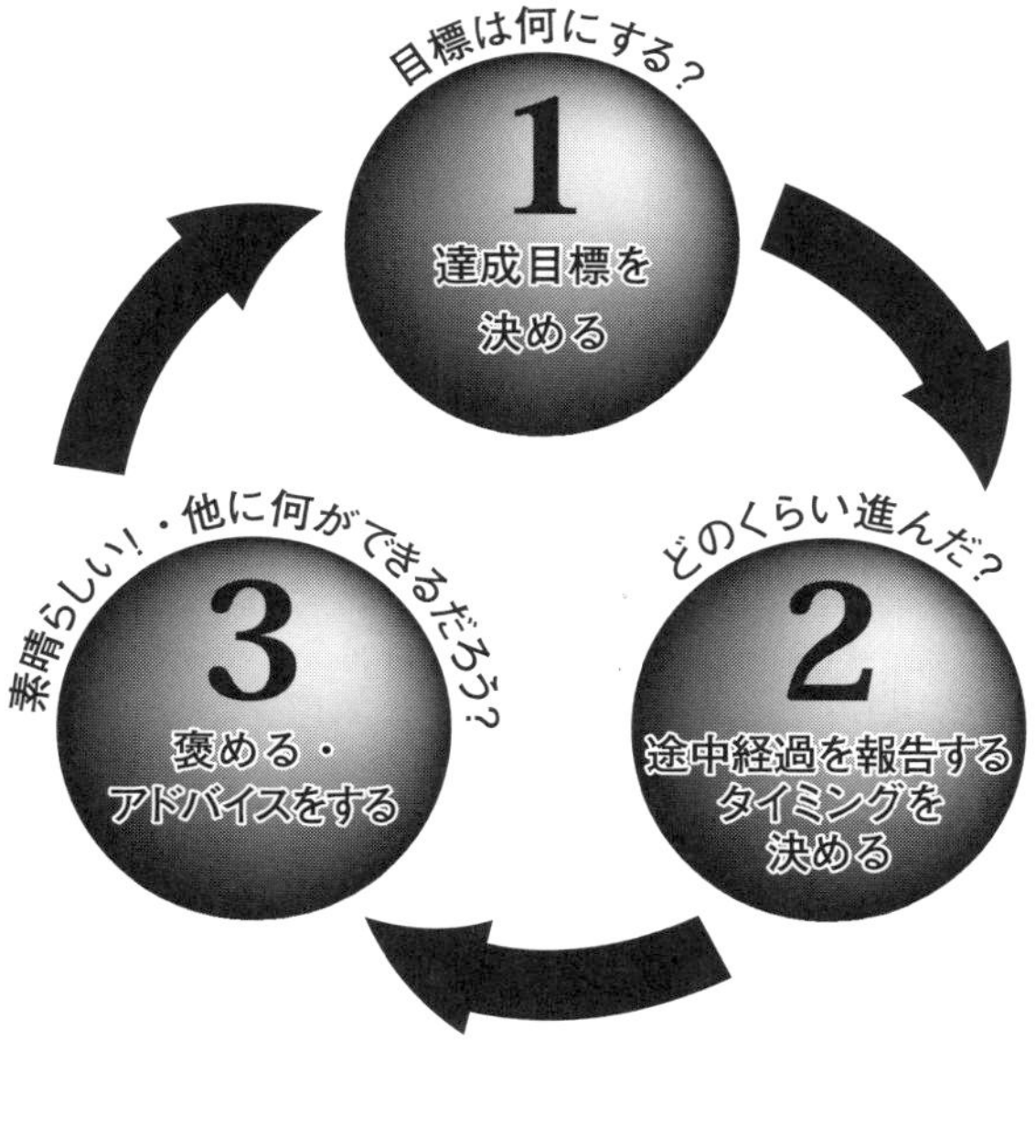

❷途中経過を報告するタイミングを決める

誰かを指導するとなると、相手の責任をいくらか引き受けることになる。指導相手のフォローに関しては、リーダーやコーチがその責任を担うケースが多い。つまり、コーチングを行った相手に対して報告を求めるのは、リーダーやコーチの仕事ということになる。

とはいえ、あくまでもコーチの仕事は途中経過を報告する頻度や期日に関して定めることであり、実際の活動や報告のまとめ作業自体はコーチングを受けた人の責任である。

報告というと、どうしても、出した成果についての報告が重要だと思われがちである。だが、成果を出した後に報告されても、成果に向けたアドバイスはできない。できるのは、褒めるかけなすかのどちらかだけである。

仕事を渡したら放っておく、という態度では、無事に成果が出ればいいが、出なければ何ともバツが悪い。しかし途中経過がわかれば、成果に向けて着実に進んでいっているかどうか、コーチも当人も確認できる。だからこそ、途中経過を報告してもらって、確実に成果が上がるよう導くほうがずっといい。そして成果を出して、全員が勝者になるのだ。

❸褒める／アドバイスをする

この段階では、相手の成長や達成した成果に対し、心から「よくやった！」と褒める。それと同時に、期待に満たない成果に対しては、アドバイスをする。

その場合、〈アカウンタビリティのステップ〉を示して、できるだけ具体的に話をするといい。ここでひとつ注意！　相手に「他に何ができるか？」と問いかけて、期待する成果が出せるよう成長を促すことを忘れてはならない。「こうすればいい」と指示を出したり、相手に代って期待に沿う成果を出してしまったりしては、相手の責任を奪うことになる。それは絶対に避けねばならない。方向性を示す、ヒントを出すなどにとどめ、あくまでも相手に解決させるコーチングを心がけてほしい。

〈オズの原則〉とアカウンタビリティを自分のものにすると「自分には目標を達成する能力がある」と自覚するようになる。アカウンタビリティを適切に社内に取り込めば、社員と組織を他の追随を許さない高みへとのぼらせていける。

どんな組織でも、教育やコーチングはできる。社員に質問を投げかける、勤務態度に応じた評価をする、責任を課す、など、アカウンタビリティを持たせるために打てる対策はたくさんある。

まずは、現時点で頭を悩ませている事柄をひとつ選んで対処してみてはどうだろう。ひとつに絞ったほうが、アカウンタビリティのレベルが上がったときの効果がわかりやすく実感できる。

まずは、組織が直面している課題をすべてリストアップする。それが原因で社員が〈ライン下〉の態度に出た、というものをすべて抜き出すのだ。課題としては、たとえば、ＴＱＭ（総合的品質管理）、製品の不具合、製品開発、生産日程、人材開発、顧客満足、苦情処理、予算、販売ノルマ、会社の評判などが考えられる。自分と自分の身近に働く人にとって重要な課題を挙げることだ。

リストアップができたら、その中からひとつの課題を選ぶ。その課題に対し、今は〈アカウンタビリティのステップ〉をのぼっている途中なのか、被害者意識の悪循環に陥っている状態なのかを見極める。

そして、上司、同僚、部下を交えて、現実としてどんなことが認識でき（現実を見つめる）、何を自分のこととして受け止めることができ（当事者意識を持つ）、どんな対策を講じることができて（解決策を見いだす）、具体的に各自がどんな行動をとるべきなのか（行動に移す）、話し合う。

選んだ課題に関する現状を把握できたら、本章で紹介した五つの活動をどういう順番で実行するか決める。

実行したら、成果と取り組み方の両方の面について評価する。この時点で、〈ライン上〉の考え方や言動をとるようになった社員が増えているだろうか？

評価が完了したら、別の課題を選ぶか、組織全体を〈ライン上〉にのぼらせることを目的とした幅広い取り組みに移る。いずれにせよ、社内のアカウンタビリティを高めることを常に念頭に置いておくことが大切だ。

『オズの魔法使い』のかかし、ブリキの木こり、臆病なライオンは、自分の責任に気づいて受け入れてからは、自分の得たものを他人のために使おうとした。

それと同じで、自分や周囲の人間を〈ライン上〉に引き上げてそこに留めようと努力していると、組織全体が抱える問題に対しても、〈オズの原則〉を当てはめてみたくなるはずだ。

それを最終章のテーマとしたい。

第10章　組織が抱える問題に〈オズの原則〉を応用する

それからグリンダは、大きくて毛むくじゃらのライオンに向かって尋ねました。

「ドロシーがカンザスに帰ったら、あなたはどうするつもり？」

「金づち頭の男たちが住む山の向こうに大きな森が昔からあるんですがね。そこに暮らす動物たちが、私のことをその森の王だと言ってくれたんですよ。そこでなら、ずっと幸せに暮らすことができるでしょうが、どうやったら戻れるやら」

「では、空飛ぶサルへの三つ目の願い事として、あなたをその森に運ばせましょう」

とグリンダは言いました。

「それで金の帽子への願い事はおしまいですから、帽子はサルに返します。それで空飛ぶサルたちも、自由の身になれますね」

◉リスクをとって課題を解決する

『オズの魔法使い』で勇気を象徴したのはライオンだった。自分の勇気が一番試されるのは、危機に直面したときである。危機を脱するには、リスクを負う勇気がいる。

リスクは勝算を見込んで負うものだが、それは、安全や心地良さ、職場で被害者的立場をとりたがる欲求とは切り離して考えねばならない。

『科学技術のリスク』（宮永一郎訳、昭和堂刊、一九九七年）を著した、リスクコンサルタント業にも携わるカリフォルニア大学のハロルド・W・ルイス教授は、昨今、リスクを恐れる人が増えており、その恐怖心が国家や社会の進歩の最大の弊害になっていると主張する。「われわれがここまで進歩してきたのは、リスクをとってきたおかげである。しかし、リスクをとろうとする意志は、もうわれわれからなくなってしまったのだろうか？」と同書の中で問いかける。

彼は科学技術に限って言及しているとはいえ、今日の企業を取り巻く課題にも、そのままのことが当てはまるのではないだろうか。

筆者はこれまで、勢いのある小さな新興企業から巨大なグローバル企業まで、何百という会社と仕事をしてきた。そのほとんどが、解決にコストがかかる積年の課題に対処するとなると、二の足を踏んでしまう。

自分自身や自分の組織に潜む厄介な懸念事項を思い浮かべてみてほしい。どんなものが頭をよぎるだろうか？　どのくらいその問題に頭を悩まされてきただろうか？　具体的にどんな対処をしてきただろうか？

「避けがたい現実」という表現がある。「変えられないのだから、そのまま受け入れざるを得ない」という意味だ。この表現こそ、変化の敵であり、アカウンタビリティの天敵である。

残念ながら、厄介な問題がなくならない理由のひとつに、合い言葉のようにこの表現を持ちだす企業が多いことが挙げられる。だが、厄介な問題に果敢に挑まない限り、増収や業績の向上、成長の促進は望めない。活気があって楽しい職場環境は、なおさら望めない。

今日の企業が頭を悩ませている主な問題をあげてみた。

①コミュニケーション不足
②人材開発
③権限委譲
④見解の不一致
⑤福利厚生

⑥ワーク・ライフ・バランス
⑦業績不振
⑧シニアマネジメント開発
⑨部門間の対立
⑩プログラミティス（プログラム中毒）

こうした課題が未解決のままだと、組織全体が苦しむことになる。原子力発電所、金融機関、小売店、保険会社、医療機関、服飾デザイナー、建設請負業者、コンピュータメーカー、宝石商、学校、弁護士や会計士の事務所……すべてそうだ。

これらが現代のビジネス社会から切り離すことのできない問題ととらえている人もいるだろう。また、こうした課題に関しては、〈ライン下〉に留まることになっても仕方ないとあきらめている人もいるだろう。

だが、ここに挙げた課題こそ、より採算性の高い、より立派な会社にしたいという社員の夢や、優れた成果の邪魔をしているのではないだろうか。

本章では、アカウンタビリティと〈オズの原則〉の範疇において、そうした課題についてひとつずつ取り上げていく。ただ、筆者にできるのは、あくまでも解決のためのヒントを与えることに過ぎない。解決する勇気を出すのはあなたである。

①コミュニケーション不足

「コミュニケーションに問題がある」と言う人ほど、じつは被害者の立場をとっている

コミュニケーション不足は、必ずと言っていいほど目標達成の妨げになる。この二〇年、筆者が関わったほとんどの企業において、コミュニケーションは、「社内で機能していないもの」リストの上位に名を連ねる問題である。

従業員と経営者、上層部と中間管理職、部門同士、チームメンバー同士……。コミュニケーション不足のせいで業務の進行がはかどらないとの声が、毎日のようにあちこちの会社から上がっている。

『On-the-Level: Performance Communication That Works（オン・ザ・レベル――職場でうまくコミュニケーションをとるには）』（未邦訳、一九九五年刊）の著者パトリシア・マクラーガンによれば、組織がアカウンタビリティを重視すると、コミュニケーションの重要性が一段と高まるという。

「チーム作業を担当する場合、あらゆるコミュニケーションチャネルをオープンにしておく必要がある。最新の情報を常に手に入れようとしなければならない」と彼女は語る。逆に言えば、コミュニケーションがうまく図れなければ、アカウンタビリティを生かせないということだ。

大都市の高層ビルで働いていれば、二階と一階のコミュニケーションがうまく図れないこともあり、本社と工場が地理的に離れている会社では、行き来すらほとんどしないこともある――このように、コミュニケーションの問題はさまざまな状況で生じる。

なかには、物理的環境のせいにする人もいる。「階が違うから」「同じ建物でも反対側に位置しているから」「壁があるから」コミュニケーションがうまく図れないという。

だが、そうした環境の障害を指摘する背後には、被害者意識の悪循環が潜んでいる。**コミュニケーションに問題があると声高に唱える人ほど、被害者意識にさいなまれているといっても過言ではない。**

言い換えれば「話を聞いてもらえない」「認めてもらえない」「関わらせてもらえない」と言っているのも同然で、犯人捜しゲームに身を置いているのだ。

「私の責任ではない」……「知らなかったのだから」「私の話を聞いてくれなかったのだから」という気持ちから、自分の責任を放棄しているのである。

コミュニケーション不足を解消するために行動を起こさなければいけない

情報化時代の今、インターネット通信やテレコミュニケーションシステム、ビデオ会議機能などの技術が飛躍的に発達した。だというのに、皮肉にも、コミュケーション不足は自分たちで解決できない問題だと思い込んでいる人が大勢いる。

もちろん、コミュニケーション不足を何とかしようとする動きはあるが、何とかしようとするほど、現状を変えるリスクを負わなければどうにもならないのだと痛感するはずだ。だが、リスクを負ってでも変えようとしなければ、いつまでたっても、日程連絡のミスや生産の遅れ、出荷ミス、設計ミス、販売機会の損失といった問題が解消されない。


ある著名なアパレルメーカーのコンサルティングを行ったときも、どうしてもその点について納得してもらえなかった。リスクに直接向き合わなくても時間がたてば何とかなるかも知れないと、つい考えてしまうらしい。

しかし、一部経営陣に対して、幹部同士のコミュニケーション不足がどのくらいの損失を招いているか計算してみてほしいと進言すると、コミュニケーション改善の必要性に気づいてもらえた。

コミュニケーションがきちんと図れていれば、過去六ヶ月で三〇〇万ドル以上節約できたとの見積もり結果が出たのである。この数字でコミュニケーションの大切さを痛感し、そのアパレルメーカーは現実を見つめることができるようになった。そして、改善に向けての取り組みが始まったのである。

このアパレルメーカーは、ちゃんと行動を起こした。だが、コミュニケーション不足を問題視する割に何の行動も起こさない企業が驚くほど多い。

ある企業のCEOは、何かといえばコミュニケーション不足を理由に挙げる役員たちに憤慨し、二度と「コミュニケーション不足」と口にしないよう命じた。もちろん、口にしなくなったからといって問題が消え去るわけではないので、依然としてコミュニケーション問題は未解決のままである。黙らせるのではなく、コミュニケーション不足を改善するための行動を起こさせるように仕向けたほうが賢明だっただろう。

コミュニケーションの問題は、現代の企業にどうしても生まれてしまうものなのかもしれない。だからといって、コミュニケーションの問題を放っておくと、〈ライン下〉の態度の常習化や被害者意識の広がりなど、アカウンタビリティに対する大きな弊害が生じてしまう。

コミュニケーションにアカウンタビリティを持つ

〈ライン上〉にのぼってコミュニケーションの問題を解決したら、どんなメリットがあるだろう？　製薬会社のファイザーがワーナー・ランバート社を買収したとき、二社の合併にあたってかなりの混乱をきたした。

特に、販売部門から山のような質問が上がった。電子メールとボイスメールはどうするのか、経費は誰に報告すればいいのか、精算したお金はどこからもらうのか、販売報告書はどうするのか……。

合併後の社内は、〈ライン下〉の態度の温床と化した。「ちゃんと準備しておくべきだった」「事前にもっと検討すべきだった」「これではうまくいかない」「新しいマネジャーは何もわかっていない！」といった不満が上がったのだ。

代理店販売員から地区マネジャーや統括マネジャーまで、あらゆる立場の人がコミュニケーション問題に巻き込まれた。ファイザーは、〈ライン上〉の取り組み方に転じない限りコミュニケーションに対するアカウンタビリティは芽生えないと考え、〈オズの原則〉を取り入れた。そして、合併で生じた混乱に関して問い合わせをするときは、「他に何ができるか？」「必要な情報を得るには誰に連絡をとればよいか？」という二つの質問を必ず盛り込むことが決まった。

問い合わせをした人間に責任を課すことで、ただ不満をあげつらう人は減り、問題を解決しようとする意識が組織全体に広がった。それに伴い、合併後の業務運営についての会話も増えたので、業務手順を相談して取り決めるようになり、上から変更を強いられることも減った。

ファイザーでワーナー・ランバートの方式を採用したり、その逆も起きたりと、一番良いと思われる方式をそれぞれ取り入れ、うまく活用した。これもすべて、コミュニケーション不足と混乱で組織の機能が麻痺していたかもしれないときに、健全なコミュニケーションを図るよう努めたからである。

あのまま放っておいたら、二五パーセント以上の社員が会社を去っていた、とファイザーはみている。コミュニケーションに対して社員がアカウンタビリティを持つ環境をつくったおかげで、人材流出は抑えられ、販売部門は以前にも増して盤石な組織に生まれ変わった。

コミュニケーションの問題に関して〈ライン上〉にのぼるということは、他人とのやりとりに責任を持つということである。それにはまず現実を見つめて、コミュニケーションがうまくいかない原因を把握する。

把握したら、それを自分の問題として受け止め、自分のどんな行動がその原因に寄与しているか考える。それから解決である。コミュニケーションをうまく図るために他にできることを見つけて行動に移し、最後までやり遂げる。

単純すぎると思うかもしれないが、これで成功した事例に何度も立ち会ってきた。魔法のような派手さはないが、この取り組みが引き金となって、〈ライン上〉にのぼる連鎖反応が起こることは約束できる。

②人材開発

会社にとって一番大切な資産は何かと問われたら、ほとんどの経営者が「人材」と答える。だが、それが経営者の本心だと信じる社員は少ない。

コミュニケーションの問題が業務の妨げとなる一番の原因と述べたが、人材の割り当てと育成も、限りなく一番に近い問題である。コミュニケーション不足がイライラを招くとすれば、下手な人材育成は怒りを招く。

人材育成に関しては、個人の責任というよりも、能力アップを促すシステムやプログラムが整っていないことに非難の矛先が向けられる。また、業績評価のタイミングや内容が悪いという声もよく聞く。それに、評価担当者との接触が少ないことも、成長や改善に欠かせないフィードバックのやりとりを妨げる原因に挙がる。一貫性のない不公平な人材登用、非効率的な人員配置なども、能力アップや昇進の障害としてよく挙げられる。

虚しさを感じながら、いつの日か、誰かが自分に見合ったポジションに引き上げてくれることをひたすら夢見るだけの人が大勢いる。

とはいえ、〈ライン上〉にのぼってキャリアアップやスキルアップを図る人も、もちろんたくさんいる。

スチュアート（仮名）もそんなひとりである。彼は高い技術を持った製造技術者で、その功績が社内で表彰されるほど有能な人物だった。だが、製造部門の管理に携わるようなポジションに異動になることはなかった。そのうち昇進の話が来るはずだと信じて何年も待っていたが、一向に話は来ない。

そこでスチュアートは、〈ライン上〉にのぼり、昇進の機会を積極的に求めることにした。製造管理の仕事に就きたいと上層部にアピールし、監督者になったつもりで、品質・生産性の向上や管理方法の改善策を自分なりに考えた。そのアイデアを製造部門のマネジャーに話したところ、ただちに実行された。

その年の終わり、スチュアートの異動希望が承認され、ようやく彼は、切望していた製造管理の職に就くことができた。後でわかったことが、スチュアートが製造管理を希望していると、経営陣は知らなかったそうだ。

組織には人材を開発する責任がある。そして、育成した彼らの希望を把握して会社に生かす。ただ、いくら会社に責任があるとはいえ、「会社の対応が悪い」と被害者意識にさいなまれていては、一ミリも前に進めない。

人材開発に対して〈ライン下〉の態度や気持ちでいては、成長や進歩やキャリアアップの機会を逃すことになる。人材開発力のない会社にいても、能力とアカウンタビリティがあれば、成長や進歩は望めるし、昇進もかなう。あくまでも、個人の成長は個人の責任ととらえることが肝要なのだ。

もちろん、人材開発には、社員と企業のジョイント・アカウンタビリティ（責任の共有）が存在する。だが、**それとは別に、自分の成長に対する責任は自分で持つべきではないだろうか。**

〈ライン上〉の言動をとるようになれば、自分から積極的に成長できる機会を得ようと動くようになる。ワークショップや研修に参加して、キャリアアップに向けた準備を始めたり、現状の仕事の質を高めようとする。あるいは、長期的なキャリア計画について相談できるメンターを探す、自分の仕事ぶりを相対的に測るために絶えずフィードバックを求める、自分が望むポジションに就くにはどうすればいいか考える、といった行動に出る。

場合によっては、会社全体を見据えて、人材育成力が向上するシステムを社内に導入しようと働きかけることもあるだろう。

こうした態度が社内に根を張って浸透すれば、組織全体が〈ライン上〉にのぼる。そして、最も大切な資産である人材の、能力開発を妨げる惰性や無力感を克服しようとする意識が、各自に芽生えるはずだ。

③権限委譲

社員への権限委譲は、近年大きな注目を集めるようになった。このテーマに関する議論も盛んに行われているものの、権限を委譲してもうまくいかないとの声は一向に減る様子がない。特に経営陣からは「管理職は、担当の部門を管理していればいいのではないか？」「管理職は、各自の担当範囲に関して決定を下し、結果を出せばそれでいいのではないか？」との疑問がよく聞かれる。

かと思えば、管理職や社員からは「上層部は下の意見に耳を貸さない」「下を信用していないから決定権を与えないのだろう」「結果を出すのに必要な権限がない」といった意見がよく持ち上がる。

つまり、目標を達成する責任は課せられているのに、達成に必要な権限がないというのだ。

「一体、権限を委譲するとは具体的にどういう意味なのだ」と、あるＣＥＯは問いかける。「権限がないと言われるのはもううんざりだ。何が足りないんだ？　権限がほしいと言う割に、それが何なのかわかっていないように思う。あるいは、権限があっても、そうと感じていないのかもしれない。職務の遂行に必要なものが足りないなら、それを手に入れるよう働きかければいいじゃないか。誰かから権限が与えられるのを待っているようなら、結局は権限があっても同じではないのか？」

こうしたフラストレーションを抱える経営者やリーダーは多い。

一方、社員の目には、幹部の態度は高慢で否定的に映る。その態度のせいでリソース管理が思うようにできなくなるのであり、根本的な原因は幹部の態度にあると気づいてもらいたい、というのが彼らの本音のようだ。

権限委譲は上からもらうべきか、自発的に生じるものかと議論を重ねても、混乱が増すばかりである。議論に夢中になっている間は、組織は〈ライン下〉から抜け出せない。社員は上司の犠牲になっているという気持ちを抱えたままで、経営陣の態度も変わらない。何も決めず何もしないなら、成果が人質にとられているも同然である。

権限を委譲して結果を出させることと、結果に対する責任を負わせることは表裏一体である。権限を委譲するという意味を取り違えると、〈ライン上〉にのぼる道をふさいでしまう。権限は、「誰かから与えられるもの」とみなされている。一方、アカウンタビリティとは自分の行動ひとつで身につくものである。

いっそ権限という言葉をきれいさっぱり忘れ、「結果を出すために他に何ができるか？」を代わりの言葉にしてはどうだろう？

確かに、組織で働く社員に権限を与える責任は、経営陣が担うものである。ただ、どこかの時点で、権限は自分で自分に与えるものだと気づかねばならない。

自分がしなければならないことに集中すべきしてもらいたいことに目を向けるのではなく、自分がしなければならないことに集中すべきである。「権限をください！」と叫ぶのではなく、「目標を達成するために、他に何ができるか？」と考え、〈アカウンタビリティの四つのステップ〉をのぼるのだ。〈四つのステップ〉をのぼる人が組織全体に見られるようになれば、その効果が成果という形で表れる。それに、社員に自信がつき、活気ある職場になる。幸福かどうかは、途中の過程ではなく結果で決まる。

それと同じで、権限も、権限を使って何かすることよりも、権限を持ってどんな結果を出すかが大切である。アカウンタビリティが高ければ結果を生む。

権限という言葉の意味に振り回されたままでいるか、アカウンタビリティを持って成し遂げたいことを実行するか。選ぶのはあなただ。

④見解の不一致

組織には、市場活動の原点となる戦略を決める、明確な焦点が必要である。だが、同じ組織に属していても、人によって組織の方向性に対する見解はかなり異なる。特に上層部に行くほど、個々の見解は著しく異なるようだが、こうした見解の相違は全社的に広がる恐れがある。皆が同じ方向に向かって進まければ成功はあり得ないというのに、ばらばらの方向に進んでいく。その結果、チームワークがうまくいかず、成果をもたらすのに不可欠な当事者意識が持てない。そうして失敗が重なっていくと、見解の相違はますます広がり、果ては大勢の人が〈ライン下〉に落ちてしまう。

方向性の焦点を明確に絞り、共通の目標に向かって協力し合うことの効果は大きい。とはいえ、方向付けを上層部だけに背負わせるのはいかがなものだろう。方向付けは組織のあらゆる部分に影響が及ぶ。見解の相違の影響を最も実感するのは、中間管理職だろう。

彼らはよく、会社の中で板挟みになっているとの不満を漏らす。上司から受けた曖昧な指示が話題になると、無数に例が出てくる。見解の相違から生じた混乱は、じわじわと末端まで広がっていく。これは、〈ライン下〉の態度が現れる兆候とも言える。

上の立場の人間が複数の異なる見解を示せば、部下もそれに続いてしまう。会社の方向性にブレが生じると、こと細かに指示を求めてくるようになるばかりか、上司を敬わなくなる。そして、最終的には被害者意識を生む。

倒産企業を事後評価すると、必ずと言っていいほど、上層部で方向性の一致に問題があり、それがひいては組織の隅々にまで広がったことが原因のひとつに挙がる。

上層部で方向性が一致していても、部下も自然に理解して同意してくれているものと思い込み、きちんと伝えない上司は案外多い。方向性に対する見解が一致していても、その通りに事業が進まない、ということはあり得る。

会社の方向性をひとつに定めて維持する責任は、社員全員にある。全員がアカウンタビリティを持たないと、組織は〈ライン下〉に陥り、機能性が低下し、士気は下がり、不満が生まれ、犯人捜しや混乱が生じる。

〈ライン上〉に留まるには、何かを決めるときは必ず負の側面を考慮し、関係者と話し合ってから最終的な結論を出すようにしなければならない。さまざまな意見や提案、考え方を広く求め、行動方針を決めるときは決定プロセスに関係者を交えるよう配慮する。

会社としての方向性は、社員全員に明確に伝える。それも、全員の業務に関わることだと何度も繰り返し、コーチングで見解の不一致を徹底的に排除する。こうした態度を心がけることで、組織に一貫性と強い結束力が生まれるのだ。

⑤福利厚生

習慣や制度は、時が経てば当たり前に思えてくる。ボーナスや祝賀会などは、本来特別な出来事である。しかし、それが毎年続いていると、社員はそれを特別な出来事ではなく当然の権利だと感じるようになる。

ビジネスの方法を変えて競争力を高めようとするときや、顧客との距離を縮めたいとき、効率、生産性、収益を上げるべく努力するとき、「当然の権利」が邪魔になる。

年次ボーナス、年次昇給、九時—五時勤務、恒例行事、終身雇用……。長年にわたって定着した制度や行事であっても、今後は、業績や目標の達成レベルのいかんによって、当然でなくなるかもしれない。

そのうち、どの企業にも、制度や社員の権利を見直さねばならない時期が訪れるだろう。そうしたとき、会社の犠牲になったと感じて〈ライン下〉に落ちる人が出てくる。やる気を失い、会社で働く意味に疑問を抱くようになるのである。

ニュースを見ていると、終身雇用制を導入していた企業が、業績悪化を理由に社員の解雇に踏み切ったという話が毎日のように報道される。

「自分の一生は会社に保障されている」と信じていた社員にしてみれば、自分の職が会社の資金繰り次第だと突然言われても、簡単には受け入れられない。

そうした考え方に慣れてもらおうと、社員の当事者意識を全社的に高めようと試みる企業が増えている。会社の経営状態を自分のこととして受け止めるようになれば、自分の雇用を確保しようと、これまで以上に仕事に対する意欲がわく。

今日の容赦ないビジネス環境では、会社としての目標達成から個人のアカウンタビリティを切り離さない経営が求められる。また、会社として社員に与えているほぼすべてのものが、個々の貢献による組織としての業績から生まれるのだと意識する必要がある。

当然に思っていた権利がなくなったときに、被害者意識に襲われないようにするにはどうすればいいだろうか。視点を変えるのだ。

会社が提供する制度や福利厚生などは、素晴らしい業績を上げたことで発生する特権であって、会社に雇われた時点で自動的に発生する権利ではない。自分の望む報酬や福利厚生に見合った実績を目指し、社員が望むものを提供できるだけの利益を生む会社となるよう努めよう……このように視点を変えることができれば、〈ライン上〉に行ける。

⑥ワーク・ライフ・バランス

最近は、ワーク・ライフ・バランスが企業の間で話題となっている。今日、就職活動を行う世代は、給料よりもワーク・ライフ・バランスを重視するようになった。

就職支援サイトの中には、仕事上のストレスを抱えている人を対象に、個別でメール相談に応じるサービスがある。〈オズの原則〉にぴたりとはまるものがいくつかあったので、左に紹介しよう。

現実を見つめる

具体的に、何にストレスを感じているのだろう？　仕事？　家庭？　人間関係？　問題の根源がわからないと、解決は望めない。ストレスの原因が自分で特定できないなら、社内の社員支援プログラムや社外の専門家に意見を求めよう。

当事者意識を持つ

批判されても個人攻撃と受け止めないよう心がけたい。否定的な意見を言われても、自分の成長を促すためのものとして受け止めよう。ただ、暴言や罵声を浴びせられたなら、上司や人事部に相談したほうがよい。

解決策を見いだす

職場と家庭では、自分の力が及ぶことと及ばないことが異なる。それぞれの場面において、自分の力が及ぶこと、及ばないことをリストアップしてみよう。そして、自分ではどうにもできない事柄に関しては、気に病むのを止めると心に誓う。他の人に任せられる仕事は任せればいい。「この仕事をきちんとできるのは自分だけ」と思い込んではいけない。同僚や上司もきっとわかってくれる。

行動に移す

うまくいった仕事を書き記し、自分の功績を称えよう。そして、短期目標を設定し、達成できたら自分にご褒美を与える。ストレスの多い仕事でもこなしていきたいと思うだろうが、ときには、手放したほうがいい仕事もある。次のような場合は、手放したほうが賢明だと言える。

- 今の状況をなんとかしようと、さまざまな方法を試したり助けを求めたりしたが、何ひとつ変わらなかった場合（または、助けを求める相手が存在すらしなかった場合）。
- 上司があなたを屈辱的な扱いをする、あまりに横暴な態度を取る、といった場合。
- 仕事がつまらなすぎて、家に帰っても何のやる気も起きない場合。また、キャリアアップを図るチャンスがない場合。

生産性と収益性を上げようと、事業の縮小や組織のスリム化を実施し、既存事業と並行して新規事業の経営にも着手する企業が増えている。だが、再編成された企業に残った社員は、少ない人員で多くの仕事をこなさねばならないというプレッシャーを感じる。

最小のリソースで最大の成果を上げろと言われれば、ストレスが生じるのが普通である。スリム化を図った企業でコンサルティングを行うと、職場環境や業務内容が大きく変わったことで、ストレスも大きくなったという声が社員の間からあがる。なかでも、仕事とプライベートの両立について、一番不安に感じるようだ。

会社勤めをしていると、家庭やプライベートライフが犠牲になることが多々起きる。そのせいで、自分が心身捧げてきた会社に、利用された、裏切られたと感じるようになる。

企業社会では、家庭やプライベートの時間を削り、その分を仕事に費やしてほしいとの期待が膨らみつつある。それだけに、仕事とプライベートの両立をうまく維持できるようになるには、ビジネス上の大きな問題を解決するのと同じくらいに時間と労力がかかる。

この問題に真正面から取り組んだ企業がある。その企業が複数の新製品を市場に導入しようとしていたとき、開発を担当していたチームのメンバーは強いプレッシャーを感じていた。

それに気づいた上層部は、彼らのプレッシャーを何とかしようと動いた。開発メンバーが自分の時間を削っていると知ったうえで、その状況について率直な気持ちを話してもらう機会を設けた。

それから上層部だけで集まって、社員が感じているプレッシャーについて話し合った。さまざまな意見がぶつかったが、話し合いの末、もともと会社の信条のひとつである「プライベートと仕事の両立」を本当に定着させることで意見がまとまった。

その結果、遅い時間の会議をやめてもらいたくても処分が怖くて何も言えない、ということがなくなった。やる気がないと思われるのを恐れて用事があっても居残りする者には、「そんな心配はいらない」と肩をたたいて家に帰す。

これは、各自の業務に対するアカウンタビリティを会社として尊重すると明言したのと同じ効果があった。この上層部の取り組みは、称賛に値する。

この企業は、向上心とプロ意識を備え、成功に向けて少しでも前進しようと仕事に励む社員の集まりとなり、とてつもない成長を遂げている。それと同時に、会社の目標と個人の目標、その両方に各自が責任を持つという企業風土をはぐくんでいる。

リソースの制約は、今後もビジネスライフを大きく左右していくだろう。最小限のリソースで最大の効果を上げねばならないという現実から逃げられる企業は皆無と言ってもいい。そんな現実にあって〈ライン下〉に落ちないようにするためには、経営陣は従業員が払う代償を知り、仕事とプライベートのバランスが保てるようサポートする必要がある。

また、経営陣同様、従業員も〈ライン上〉にのぼり、会社の状況を自分のこととしてとらえねばならない。変化の勢いが弱まることはない。平均労働時間は長くなり、より多くの作業を要求されるようになる。ただ、実際にそうなると覚悟しておけば、自分にとって最適なワーク・ライフ・バランスを見つけやすくなるだろう。

⑦業績不振

組織全体に高いアカウンタビリティを根付かせるには、フィードバックが極めて重要な役割を果たす、と何度も繰り返してきた。ところが、フィードバックを自由にやりとりできる環境を確立している組織は驚くほど少ない。

フィードバック体制を整えずに、業績不振に的確に対処したり、有効に改善したりということは望めない。成績の悪い社員を放っておけば、いつしかその人の中に被害者意識が芽生える。もちろん、成績の悪い人の分をカバーせねばならない社員の中にも、被害者意識が生まれる。粗末な仕事は粗末な結果をもたらし、組織全体が〈ライン下〉で足止めにされる。

経営者やマネジャーは、この問題に対峙するよう促されても、いろいろと理由を並べて実行しない傾向にある。業績の悪かった人物から不当解雇だと訴えられるのが怖い、傷つけたくない、公正かつ効果的なフィードバックシステムを確立するのが難しい、書類の作成が面倒、業績の悪い人物に対峙するときに発生するリスク全般が怖い、などが主な理由である。

また、同じ職場で働く仲間は絶対に尊重したい――「相手によくすれば、自分もよくされる」という黄金律の歪んだ適用――と言う人がいるかと思えば、問題に向き合いたくないばかりに、対処する訓練を十分に受けていないことを理由に挙げる人もいる。

「会社の業績の足を引っ張るような人材はいないし、皆の働きに満足している」という経営者もいるだろう。だが、たとえ今はそうであっても、いつかは必ずつらい思いをする。

リーダー的立場にある人は、仕事ぶりに問題がある部下にきちんと対処できるようにならねばならない。明確な態度で、建設的に相手を導く必要がある。

仕事ぶりに関する問題は、どの会社にも存在する。それに正面から取り組むことで〈ライン上〉への登頂がいっそう確実なものとなり、さらなる成果が期待できると同時に社員の満足度も上がる。

取り組み方は至ってシンプルだ。**問題を見つけたら対処する。フィードバックをもらったら前向きに受け止める。誰もがそうした行動を取るような企業風土をつくることだ。**

問題に気づかないふりをしたり、そのうち良くなるだろうと様子見をするのは今すぐ止めて、仕事ぶりのチェックを毎日の習慣としよう。問題を放っておいて、次の世代に残すことのないよう心がけてほしい。

⑧シニアマネジメント開発

裸の王様に「裸ですよ」と誰が言えるだろう？　CEOや役員には、指導者の孤独を嘆く人が多い。彼らは、働きぶりや組織における影響力などについてフィードバックをもらうことがほとんどない。だが、立場上フィードバックを求めるのは無理がある、と思っているなら、それは〈ライン下〉の態度と言わざるを得ない。

「どんなにフィードバックをもらいたいと部下に頼んでも、率直な意見を述べる勇気を持ってもらえない」と、業種や組織構造に関係なく、あらゆるタイプのリーダーが声を揃えて言う。リーダーへフィードバックするとなると、「上役を指導するなんて、出世コースから外れに行くようなもの」との思いが生まれるので、部下は消極的になる。

やはり、**まずは上役自ら、フィードバックを求めていると積極的にアピールするといい**。リスクの多い今の時代にフィードバックをもらわなかったら、これまで築き上げたものをすべて失いかねない。

フィードバックはアカウンタビリティを生む——これは、社員にも役員にも当てはまる。役員の一挙手一投足は組織に影響する。それに、役員とはいえ人間である以上、長所と短所が必ずある。上層部の成長なくして、会社の成長はあり得ない。

ＣＥＯも同じだ。ＣＥＯが成長しなかったら、会社は行き詰まるか手に負えなくなるかのどちらかである。**どんなに厳しいことでも真実を告げるよう周囲を促せる人が、優れたリーダーだと言える。**

医療機器メーカーのアドバンスト・カルディオヴァスキュラー・システムズ（ＡＣＳ）の社長兼ＣＥＯを務めていたジンジャー・グレアムの話を紹介しよう。

彼女は社長になるとすぐ、組織のあらゆる層に対して、自分とＡＣＳに今後どう成長してほしいかを率直に伝えてほしいと訴えた。新社長に正直な意見を述べるなど、自分の立場が心配でなかなかできない。でも彼女のその一言のおかげで、社員は恐れずに正直な意見を出した。グレアムは提出のあったフィードバックを一つひとつ丁寧に見ていき、もらった意見を反映して自分と会社の成長につなげると社員に約束した。そして、その通りに実行した。

グレアムは、彼女がハーバード・ビジネス・レビュー誌に寄稿した記事「本音が聞きたいなら、ルールを破れ」の中で、チーム制のフィードバックシステムについて述べている。

フィードバックを提供し合うチームを作り、ひとりずつ順番に背の高い椅子に座り、他のメンバーから仕事に関して長所と欠点を指摘される、というものだ。

そのシステムについて、グレアムは次のように振り返っている。

「このシステムを残酷に思う人がいるかもしれないが、むしろ反対で、共通のアカウンタビリティを生み、本音で話し合うことができる最高のシステムである。私も実際に椅子に座る役をやったが、マネジャーたちの思いやりと期待が痛いほど伝わってきた」

彼女がフィードバックを得ることができたのは、それを求めるうえでの責任と、それを提供するうえでの責任の両方をしっかりと引き受けたからである。

ＣＥＯの立場にある人は、ぜひともグレアムを見習ってもらいたい。フィードバックを得るには、自分がそれを求めていること、そしてそれを尊重したいと思っていることを社内の人間にきちんと伝える必要がある。それがフィードバックを求める者としての責務だ。

「厳しい」意見をくれた人に対して公に感謝の意を表せば、他の人もそれにならうだろう。社員もまた、リスクを恐れることなく、上司の耳に入れるべき内容を伝えるよう心がけねばならない。

⑨部門間の対立

マーケティング部「対」製造部、製造部「対」研究開発部、研究開発部「対」営業部、営業部「対」市場……。自分の会社のことだ、と思った人は多いのではないだろうか。どの会社にも、部門間の対立は付き物である。

〈ライン下〉で繰り広げられる事柄の中でも最も浅はかなもののひとつだというのに、企業によっては、対立がある種の「伝統」だったりする。お互いに敵同士でないと気づくにはどうすればいいのか？

部門間の対立を解消するのは、案外難しくない。本当の敵は、「社内の誰か」ではなく、「社内の誰かを敵と見なすこと」だと、常に言い聞かせればいい。これも〈ライン上のリーダーシップ〉の大切な要素である。

部門間の対立で市場に迷惑をかけたら、決して許してもらえないのだと、社内に広く知らしめねばならない。社員同士、部門同士で、相手のことを好意的に受け止めてフィードバックを提供し合わないと、必要な改善もままならない。

部門という名の「殻」から出て、連携して作業を行うよう努める必要がある。建設的かつ協調的な態度で仕事に臨めば、最大の成果を上げることに集中できるようになる。

第5章で登場したアラリス・メディカル・システムズを覚えているだろうか。九〇〇〇の機器と五〇〇〇のスペアパーツを在庫に抱え、使い捨て製品の出荷基準達成率が八八パーセントしか満たしていない状況で、減収の一途をたどっていた会社である。

同社は在庫を排除し、品質を大幅に改善し、二四時間以内出荷率を九九・八パーセントにまで高めたことで持ち直したのだが、それらを成しえたのは、部門間でフィードバックセッションを行ったおかげである。

製造、販売、顧客サービス、品質保証の各部門の間で意見を交換し合い、見ぬふりをしたくなるような厳しい事実に立ち向かったのである。ある役員は、「フィードバックセッションのおかげで、自分の立場を、自分自身と相手の視点の両方から見ることができました」と語る。

敵対していた製造部門と顧客サービス部門の関係も良好になった。製造部の社員は、「問題があれば、電話で関係部門に連絡をとるようになりました。以前は、他の部署の人間と面識がなかったので、電話をかけようとは思いませんでした。でも、顧客サービス部門の人たちに工場見学に来てもらってから変わりました。製造工程を理解してもらえましたし、製造部の人間の顔と名前も覚えてもらえましたから」と言う。

また、注文処理状況を電子メールで全員に配信することも日課とした。以前なら出荷が遅れても誰にも気づかれなかったが、毎日のメール配信により、二四時間以内に出荷できたかどうかが、全員の知るところとなる。複数の部門を交えて打ち合わせを行うようになってからは、たったひとつの出荷遅れに対しても、何とかしようと各部門から人が集まってくる。この点について、先の役員は「社内で起こった変化で一番驚いたこと」だと言う。

部門ごとに仕事内容や優先事項は異なる。だが、その壁を乗り越えて共通の目標のために連携すれば、大きな力が働く。各自の仕事ぶりや会社の業績を飛躍的に向上させる大きな力だ。この力を得るためにも〈ライン上〉にのぼるのだと、心に留めておいてほしい。

⑩プログラミティス（プログラム中毒）

米国企業に「プログラミティス」という病が蔓延している。新しいプログラムや流行が現れたときにかかる病だ。

この二〇年余りで話題になった経営論の数は、マンハッタンの電話帳に匹敵するだろう。特に騒がれたものだけでも、戦略策定、TQM（総合的品質管理）、JIT（ジャスト・イン・タイム）生産システム、ブレイクスルー・イノベーション、TCS（顧客満足の追求）、学習する組織、コア・コンピタンス、BPR（事業再構築）、ゼロベース予算、組織のフラット化、創造的破壊、などがすぐに頭に浮かぶ。

マサチューセッツ工科大学発刊のスローン・マネジメント・レビュー誌に、「コンサルティング――ソリューションは問題の一部となったのか?」というタイトルの記事が掲載されていた。

「ソリューション・サーフィン――最新の解決策の『波』に乗っていても、次の『波』が見えればすかさず乗り換えること――に興じる人が、この二〇年余りで爆発的に増えた。……どのソリューションにもツールがセットになっているが、以前からあるものを焼き直して『唯一のソリューション』と謳っているものがほとんどだ」と記事にある。

変化の著しいコンピュータ技術の分野では、「ダウンサイジング(スリム化)」が最新トレンドとなった。「ダウンサイジング」という言葉を最初に用いた業界ウォッチャー兼コラムニスト、ウィリアム・ザックマンはこう語る。

「みんな理論に振り回されすぎている。まるで、初めて電気の存在を知り、電球のソケットに指を突っ込んでどうなっているのか知ろうとしているみたいだ。うわべだけしか見ようとしていない」

経営技術の経験が豊富な企業であっても、スリム化と適切化を図ろうとして、成果を上げるどころか混乱を招くという失態を演じている。

経営理論やシステムは、もちろん成果をもたらすものである。**ただ、それを取り入れる組織**

が、最新のものに飛びついて魔法のような効果を求めようとすることに問題があるのだ。

組織の一人ひとりが同じレベルのアカウンタビリティを持たない限り、成果を上げることは決してできない。理論やシステムさえ導入すればいいと思い込むことが、「プログラミティス」という病の正体である。この病は何としても克服しなければならない。

それには、理論やシステムが何であれ、自分の頭で考えれば結果はついてくる、という基本的な事実に思い至ることが肝要である。自分の目標をしっかりと見据え、強いハートを持って勇気を出して行動すれば、得られるメリットは計り知れない。

⦿〈ライン上〉の特権を満喫する

本書の旅の締めくくりとして、〈ライン上〉に留まり続けている企業がどんな特権を享受しているか紹介しよう。

フィットネス機器メーカー米国最大手のプリコー社は、斬新で質の高いフィットネス機器と顧客サービスを提供する企業との評判を世界中で得ている。企業として大成功しているにもかかわらず、彼らは決して満足に浸ることはなかった。アカウンタビリティを持つ企業風土をつくり、イノベーションの創造や目標達成、製品開発にいっそう厳しい目を向けることで、常に次のレベルへ進んでさらに大きな成果を得ようと努めた。

プリコー社の二〇〇三年度全社員合同会議で、ポール・J・バーン社長は、「世の中が駄目になった、経済が停滞している、天気が悪い（本社のあるシアトルは雨が多いことで有名）。こんな使い古された言い訳は、プリコーでは一切認めない」と語った。

それから一五ケ月間、企業風土の改革、アカウンタビリティの浸透、事業運営の改善に、全員が一丸となって取り組んだ。その甲斐あって、プリコーは過去最高の業績を打ち立てた。売上は一三パーセント、収益性は六六パーセント上がった。それも、サービス評価項目を大幅に増やしたうえでだ。

同社はそれまで業績不振だったから、向上の幅が大きくなったというわけではない。むしろ逆で、もともと優れた力を持つ企業だったからこそ、〈オズの原則〉を忠実に実践すれば、より大きな成果がついてくると気づいたのである。

米国における医薬品卸業者大手のアメリソースバーゲン社は大口の顧客を失うという問題に直面した。ビジネスの世界ではよくある話だ。

アメリソースの幹部はジレンマに直面した——〈ライン下〉にくだり、無視、否定、言い逃れ、犯人捜しで失敗の正当化をはかるか、〈ライン上〉にのぼり、現実と向き合って失敗を取り戻そうとするか。

彼らは後者の道を選んだ。当事者意識とアカウンタビリティの重要性を徹底して社内で訴え、部下の意欲を奮い立たせた。すると、販売とは縁のない部署の社員も一緒になって「会社の売上を維持するために、他に何ができるか」と考えるようになった。おかげで、コスト削減や売上アップのアイデアがあちこちから湧き上がった。

感心なことに、アメリソースは、大口顧客との取引がなくなる可能性を想定し、実際に取引が停止される前から新規顧客の開拓に力を入れ始めていた。まさに、「他にできることはないか？」と常に考えていた賜物である。そうして大口顧客を失うまでの三ヶ月の間に、六七の新規取引を獲得した。それは失った取引の七〇パーセントに相当する。

明確な目標、〈ライン上〉にのぼると決意した社員、その社員を徹底してサポートするリーダー。この三つが揃って初めて、アカウンタビリティの高い企業への第一歩が踏み出せる。ここで紹介した二つの例は、それぞれ目標も状況も異なるが、ひとつの教訓に結びつく。**アカウンタビリティの高い人が一丸となって取り組めば、およそ不可能なことはない。**

◉旅は続く

本書も終わりに近づいてきた。『オズの魔法使い』の最後では、ライオンは勇気を、ブリキの木こりはハートを、かかしは脳みそを手に入れ、ドロシーは目覚めたらカンザスの家に戻っていた。あなたももう、アカウンタビリティを手にする道を歩み始めているはずだ。〈オズの原則〉を、公私のさまざまな場面で活用してもらうことを切に願う。

忘れないでほしい。**自分の考えや感情や行動、そして自分が導き出す結果を、自分で責任を持って引き受けない限り、自分の運命を制することはできない。**自分で引き受けなければ、他の誰かの手に委ねられてしまう。

数多く出版されている『オズの魔法使い』のある版には、扉裏にこんなメッセージが記されている。

『オズの魔法使い』を読んだことのない人は、ジュディ・ガーランド主演の映画がオズのすべてだと思い込んでいる。なんと大きな間違いだろう！

本書の締めくくりとして、この言葉をそっくり繰り返させてもらいたい。『オズの魔法使い』から学ぶことは、本当にたくさんある。あなたの旅も、素敵なものとなりますように。

本当の旅の始まりは、ここからである……

謝辞

このたび、旧版刊行一〇周年記念として、本書が世に出ることとなった。それはひとえに、旧版を手にとって活用してくださった多くの読者のおかげである。支持してくださった皆さんに心から御礼申し上げる。

そして、『オズの魔法使い』の著者、L・フランク・ボームにも感謝する。アカウンタビリティを身につける旅を魅力的なストーリーで描いてくれたおかげで、その効力を広く世間に知ってもらうことができた。

望む結果を出すには、どうしても困難を乗り越えねばならない。それをオズの物語になぞらえれば、理解しやすくなるのではないか、と筆者に提案してくれたのが、パット・スネルである。彼女の素晴らしいアイデアに、心からの称賛を贈りたい。

筆者が成功の原理を追究できたのは、これまで出会った人すべてのおかげである。人生の規範を示してくれた両親、核心を突く質問を投げかけてくれたクライアント、さまざまな教訓を与えてくれた同僚に感謝の意を述べたい。

この二〇年で、さまざまなタイプの企業が〈オズの原則〉を適用してくれた。特に、マイク・イーグル、デーヴ・シュローターベック、ジェイ・グラフ、ディック・ノードクエスト、ジンジャー・グレアム、ジョー・キャノンは、〈ライン上〉の行為の意義を、本書以上に教えてくれた。

本書の執筆にあたり、エージェントのマイケル・スネルから、編集のプロとして貴重なアドバイスと励ましをいただいた。また、本書のために、すでに〈ライン上〉にのぼっている人物も紹介していただいた。

旧版の改訂にあたり、オーブリー・ピンヘイロ、ブラッド・スター、ジョン・グローバー、エイドリアン・シグマン、トレーシー・スカウセン、そして、パートナーズ・イン・リーダーシップのメンバーが、原稿のチェックを担当してくれた。

また、クリス・クラル、ジョン・フィンク、マイケル・グールツ博士、トム・キャスパー、ラン・ジョーンズ、デーヴ・プリラー、ロバート・スカッグス、プレンティスホールのトム・パワーにも大変お世話になった。心から御礼申し上げる。

私たち三人の父親、クレイグ・コナーズ、フレッド・スミス、ウィンストン・ヒックマンが、本書の原稿を精読してくれた。率直な感想を述べてくれて、そして、完成までずっと応援してくれて、本当にありがとう。

旧版一〇周年記念本の刊行を強く勧めてくれた、編集者のエイドリアン・ザックハイムには、感謝してもしきれない。

そして、正直なフィードバックと温かい励ましを送り続けてくれた、私たち三人の妻、グエン、ベッキー、ローラ。彼女たちのサポートがなかったら、本書の完成はなかった。本当にありがとう。

解説にかえて

アカウンタビリティをどう高めていくか

伊藤守

本書の原書であるThe Oz Principleは一九九四年にアメリカで出版され、五〇万部を超えるベストセラーとなっています。

現在、日本においては、「アカウンタビリティ（accountability）」という言葉は会計用語と受け取られることが多く、その場合「会計責任」「説明責任」などと訳されます。

英語としてはもう少し意味の範囲が広く、単に「責任」「義務」と訳せることもあるようですが、アメリカでもビジネスの場では、日本同様に会計用語として使われるのが普通でした。

ところが本書の出版後は、本書の中に述べられているような「主体的に仕事や事業の責任を引き受けていく」ことという意味で使われることが多くなっているようです。本書の影響の大きさがよくわかります。

そして初版発行から一〇年後の二〇〇四年、ビジネスの世界の現状にアップデートし、また本書によるアカウンタビリティを持ったことで成功した企業や個人の事例も豊富に盛り込んだ形で改訂版が出版され、再び好評を博しました。本書はその改訂版を訳したものです。

すべての経営者と管理職にとって、「主体的に動く」社員をどうしたら育てられるのかは切実な問題でしょう。

私は企業にコーチングを導入してリーダーシップを育成する会社であるコーチ・トゥエンティワンおよびコーチ・エィの経営にあたるとともに、自分自身でも経営者に対し、エグゼクティブ・コーチングを行っています。

コーチングとはまさに個人と組織のアカウンタビリティをはぐくむことが主要な目的のひとつですから、本書を読んで、これまで自分が考え実践してきたことが非常にわかりやすくまとめられていると感じ、すぐに翻訳出版することを決めたのです。

本書には、「被害者意識」がビジネスパーソンの生産性を落とし、企業を弱体化しているという現実の分析から、アカウンタビリティを育成し、それによって問題を解決し成果を出していく方法までが詳しく書かれています。

私からは、内容について解説を付け加えるというよりは、コーチングの経験をもとに、日本のビジネスの現場で本書で学んだことをどのように生かしていくことができるのか、そのヒントを以下に述べます。

読者の皆さんがこれからそれぞれの職場でアカウンタビリティを高めていく一助となれば幸いです。

■問いの共有で部下のアカウンタビリティを引き出す

リーダーは自分がアカウンタビリティの頂点を目指すとともに、チームのメンバーのアカウンタビリティを開発することが求められます。

そのときに有効なのが「問いの共有」です。一方的に答えを与えるのではなく、問いかけをして考えさせる。問いは共有するが、答えは各々が考える。そういう自律的な人材育成を目的とします。

「近い将来、われわれが遭遇するリスクには何があるだろうか？」
「われわれのサービスは今、世界一だろうか？」
「今、仕事に情熱を持ち込んでいるか？」

このような質問を、一人ひとりに対して個別に問いかけるのではなく、全体で、未来に向けて、問いを共有するのです。

メンバーは、こうした問いを投げかけられることによって、ふだんは持っていなかった視点を持つことになります。

自分だけの小さな世界から、もっと大きな世界からの視点、複数の視点を持つのです。それによって、組織の中における自分の責任や、役割に対する意識も高まります。

また、「問い」には、「わかったつもり」から、「行動」へと移行させる力があります。問われれば、どうしても、

「わかったつもりでいたのに、まだわかっていないことがあった」

ということに、気がつかないわけにはいきません。

「わかったつもり」とは「安定」した状態です。いわば、現状にあぐらをかいた状態ですから、行動は起こりにくいのです。

「わかったつもり」になっている人たちは、

「そんなことはもうわかっている」

「だから、言っただろう」

「だって、こうなんですから」

と決まり文句を言います。

彼らの行動は遅く、パターン化していて、ときに、強面の上司ですら、彼らを動かすのはむずかしいものです。

けれども、恒常的に問われ続けると、「わかったつもり・安定」から「わからない・不安定」へ

とシフトしないわけにはいかなくなります。

すると、どうなるか？

行動が起こるのです。

人は不安定になると、安定するために行動を起こします。これは、仕事のアサインや新しい役割を任命するなどのよいタイミングとなります。

もう一つ、「問いの共有」には、大切な働きがあります。というのは、いずれにしろ、私たちは、頭の中で常にほとんど決まった問いかけをしているからです。

「このままでいいんだろうか？」

「私は大丈夫だろうか？」

この「問い」は無意識に発せられる「問い」なので、別の「問い」を積極的に起こさない限り、放っておくと、頭の中はすぐにこれでいっぱいになってしまいます。

ですから、これらの「問い」の居場所がなくなるよう、常に、未来に向けた「問い」を共有し続ける必要があるのです。

社内において、また、チーム内で「問いの共有」があれば、それについて部下にいつでも声をかけ、その「共有されている問い」について話し始めることができます。また、自由に話させることもできます。

「問い」という前提をつくっておくことで、いつでも、どんなときでも、彼らをコーチすることが可能になるのです。

■「三六〇度フィードバック」を活用する

リーダーシップ開発における有益なツールとして、「三六〇度フィードバック」があります。私はリーダーや経営者をコーチするとき、必ずといっていいほど、この三六〇度フィードバックを用います。

三六〇度フィードバックとは、上司、部下、同僚、仕事で関係のある他部門の担当者、取引先や顧客からなど、あらゆる角度（三六〇度）からのフィードバックを集めるシステムです。周囲からの結果を本人にフィードバックすることを通して、日常の業務やコミュニケーションにおける「気づき」の機会を与えることを目的として、人材育成や人材開発のトレーニングなどで広く利用されています。

しかし、三六〇度フィードバックをうまく活用できない人がいます。それは、「被害者意識」を持つ傾向が強い人です。

以下は、フィードバックに対して、被害者になる傾向が強い人がとりがちな行動（反応）の例です。

上司や部下からの評価が悪かったとき

- 上司の顔色をうかがって行動するようになる
- 部下に対して強くリクエストができなくなる
- 悪い評価をさせないように圧力をかける
- 嫌味を言う
- 関わりを避けようとする
- 相手の評価を下げる
- フィードバックの内容を無視する

被害者になる傾向が強い人は、フィードバックを自分の人格や自分自身に対しての評価だととらえてしまいがちです。

しかし、本来フィードバックは、行動レベルでの評価であり、可能性や未来に向けられているもの、すなわち改善に向けて行動を変えていく指針であるということを理解しなければなりません。

基本的に三六〇度フィードバックはそれ単体で行うものではなく、それには必ずコーチが付きます。コーチがいて初めて機能するものなのです。

コーチが付くことで、アカウンタビリティが上がり、フィードバックの内容をより高いレベルからとらえようとします。

具体的には、このフィードバックを「未来」の自分ならどうとらえるか、そしてどう活かすことができるか、ということを行動レベルで考えるのです。

また、フィードバックの内容について、コーチとの会話を通して、内容を咀嚼し、自分にとって役立つ情報に変えます。

■アカウンタビリティは「自責」ではない

最後に、アカウンタビリティを高めていくにあたって陥りがちな罠についてお話ししておきましょう。

被害者意識を脱し、アカウンタビリティを高めていく必要があるという話をすると、「すべて自分の責任です」などと言い出して、自責の念で苦しそうになる人がいます。

しかし、実はそれも被害者意識だと私は思うのです。

「自分に何ができるか」に重きを置くのがアカウンタビリティの高いあり方です。決して、自分ですべて抱え込んで孤軍奮闘することではありません。アカウンタビリティの高い人は、もちろん周囲の人のアカウンタビリティにもアクセスします。

したがって、アカウンタビリティの高い人は次のようなコミュニケーションをとることができるといえます。

- 人にリクエストすることができる
- 「ノー」と言うことができる
- 言いにくい相手に対しても意見を言える
- 相手に自分からフィードバックを伝えることができる
- もちろん、自分に対してもフィードバックさせることができる

以上のようなコミュニケーションがとれるかどうかで、自分のアカウンタビリティがどの程度であるかを測ることもできるのです。

主体的に動く
アカウンタビリティ・マネジメント

発行日　2009 年 9 月 10 日　第 1 刷
　　　　2024 年 11 月 25 日　第 7 刷

Author　ロジャー・コナーズ　トム・スミス　クレイグ・ヒックマン

Translator　監訳：伊藤守　訳：花塚恵　翻訳協力：二宮美樹（株式会社コーチ・エィ）
Book Designer　装丁：重原隆　本文：株式会社インターブックス

Publication　株式会社ディスカヴァー・トゥエンティワン
〒102-0093　東京都千代田区平河 2-16-1 平河町森タワー 11F
TEL　03-3237-8321（代表）　03-3237-8345（営業）
FAX　03-3237-8323
https://d21.co.jp/

Publisher　谷口奈緒美
Editor　藤田浩芳

Store Sales Company
佐藤昌幸　蛯原昇　古矢薫　磯部隆　北野風生　松ノ下直輝　山田諭志　鈴木雄大
小山怜那　町田加奈子

Online Store Company
飯田智樹　庄司知世　杉田彰子　森谷真一　青木翔平　阿知波淳平　井筒浩　大﨑双葉
近江花渚　副島杏南　徳間凜太郎　廣内悠理　三輪真也　八木眸　古川菜津子　斎藤悠人
高原未来子　千葉潤子　藤井多穂子　金野美穂　松浦麻恵

Publishing Company
大山聡子　大竹朝子　藤田浩芳　三谷祐一　千葉正幸　中島俊平　伊東佑真　榎本明日香
大田原恵美　小石亜季　舘瑞恵　西川なつか　野﨑竜海　野中保奈美　野村美空　橋本莉奈
林秀樹　原典宏　牧野類　村尾純司　元木優子　安永姫菜　浅野目七重　厚見アレックス太郎
神日登美　小林亜由美　陳玟萱　波塚みなみ　林佳菜

Digital Solution Company
小野航平　馮東平　宇賀神実　津野主揮　林秀規

Headquarters
川島理　小関勝則　大星多聞　田中亜紀　山中麻吏　井上竜之介　奥田千晶　小田木もも
佐藤淳基　福永友紀　俵敬子　池田望　石橋佐知子　伊藤香　伊藤由美　鈴木洋子　福田章平
藤井かおり　丸山香織

Proofreader　株式会社インターブックス
Printing　日経印刷株式会社

ISBN978-4-7793-2994-8